Las pequeñas memorias

BIBLIOTECA

José
Saramago

Las pequeñas memorias

Traducción de Pilar del Río

ALFAGUARA

ALFAGUARA

Título original: As Pequenas Memórias
D.R. © José Saramago y Editorial Caminho, S. A., Lisboa, 2006
    Con autorización de Dr. Ray-Güde Mertin, Literarische
    Agentur, Bad Homburg, Alemania
D.R. © De la traducción: Pilar del Río
D.R. © De la traducción del poema «Protopoema»: Ángel Campos Pámpano

D.R. © De esta edición:
Santillana, Ediciones Generales, S.A. de C.V., 2007
Av. Universidad 767, Col. del Valle
México, 03100, D.F. Teléfono: 54 20 75 30
www.alfaguara.com.mx

Primera edición: febrero de 2007

ISBN: 970-770-406-3 (rústica)
      978-970-770-406-0

© Diseño de cubierta: Manuel Estrada

Impreso en México

A Pilar, que todavía no había nacido,
y tanto tardó en llegar.

Déjate llevar por el niño que fuiste.

LIBRO DE LOS CONSEJOS

A la aldea le dicen Azinhaga, está en ese lugar por así decirlo desde los albores de la nacionalidad (ya era foral en el siglo XIII), pero de esa estupenda veteranía nada queda, salvo el río que le pasa al lado (imagino que desde la creación del mundo), y que, hasta donde alcanzan mis pocas luces, nunca ha variado de rumbo, aunque se haya salido de sus márgenes un número infinito de veces. A menos de un kilómetro de las últimas casas, hacia el sur, el Almonda, que ése es el nombre del río de mi aldea, se encuentra con el Tajo, al que (o a quien, si se me permite la licencia) ayudaba, en tiempos idos, en la medida de sus limitados caudales, a inundar los campos cuando las nubes soltaban las lluvias torrenciales del invierno y los embalses río arriba, pletóricos, congestionados, tenían que descargar el exceso de agua acumulada. La tierra es plana, lisa como la palma de la mano, sin accidentes orográficos dignos de tal nombre, y algún que otro dique que por allí se hubiese levantado serviría más para guiar la corriente hacia donde causara menos daño que para contener el ímpetu poderoso de las riadas. Desde tan distantes épocas la gente nacida y vivida en mi aldea aprendió a negociar con los dos ríos que acabaron configurándole el carácter, el Almonda, que a sus pies corre, el Tajo, más allá, medio oculto tras la muralla de chopos, fresnos y sauces que le acompaña en el curso, y uno y otro, por buenas y malas razones, omnipresentes en la memoria y en las conversaciones de las familias. En estos lugares vine al mundo, de aquí, cuando todavía no había cumplido dos años, mis padres, emigrantes empujados por la necesidad, me llevaron a Lisboa, a otros modos de sentir, pensar y vivir, como si nacer donde nací hubiera sido consecuencia de una equivocación del azar, de una casual distracción del destino, que todavía estuviera en sus manos enmendar. No fue así. Sin que nadie se hubiese dado cuenta, el niño ya había extendido zarcillos y raíces, la frágil simiente que entonces yo era había tenido tiempo de pisar el barro del suelo con sus minúsculos e inseguros pies, para recibir de éste, indeleblemente, la marca original de la tierra, ese fondo movedizo del inmenso océano del aire, ese lodo ora seco, ora húmedo, compuesto de restos vegetales y animales, de detritus de todo y de todos, de rocas molidas, pulverizadas, de múltiples y caleidoscópicas substancias que pasaron por la vida y a la vida retornaron, así como vienen retornando los soles y las lunas, las riadas y las sequías, los fríos y los calores, los vientos y las calmas, los dolores y las alegrías, los seres y la nada. Sólo yo sabía, sin conciencia de saberlo, que en los ilegibles folios del destino y en los ciegos meandros del acaso había sido escrito que tendría que volver a Azinhaga para acabar de nacer. Durante toda la infancia y también en los primeros años de la adolescencia, esa pobre y rústica aldea con su frontera rumorosa de agua y de verdes, con sus casas bajas rodeadas del gris plateado de los olivares, unas veces requemada por los ardores del verano, otras veces transida con las heladas asesinas del invierno o ahogada por las crecidas que le entraban puerta adentro, fue la cuna donde se completó mi gestación, la bolsa donde el pequeño marsupial se recogió para hacer de su persona, en lo bueno y tal vez en lo malo, lo que sólo por ella misma, callada, secreta, solitaria, podría ser hecho.

Dicen los entendidos que la aldea nació y creció a lo largo de una vereda, de una *azinhaga,* término que viene de una palabra árabe, *as-zinaik,* «calle estrecha», lo que en sentido literal no podría haber ocurrido en aquellos comienzos, pues una calle, sea estrecha, sea ancha, siempre será una calle, mientras que una vereda nunca será nada más que un atajo, un desvío para llegar más deprisa a donde se pretende, y en general sin otro futuro ni desmedidas ambiciones de distancia. Ignoro en qué momento se habrá introducido en la región el cultivo extensivo del olivo, pero no dudo, porque así lo afirmaba la tradición sostenida por los viejos, de que sobre los más antiguos olivares ya habrían pasado, por lo menos, dos o tres siglos. No pasarán otros. Hectáreas y hectáreas de tierra plantada de olivos fueron inmisericordemente arrasadas hace algunos años, se arrancaron cientos de miles de árboles, se extirparon del suelo profundo, o allí se dejaron para que se pudrieran, las viejas raíces que, durante generaciones y generaciones, dieron luz a los candiles y sabor a los guisos. Por cada pie de olivo arrancado, la Comunidad Europea pagó un premio a los propietarios de las tierras, grandes latifundistas en su mayoría, y hoy, en lugar de los misteriosos y vagamente inquietantes olivares de mi tiempo de niño y adolescente, en lugar de los troncos retorcidos, cubiertos de musgos y líquenes, agujereados de escondrijos donde se acogían los lagartos, en lugar de los doseles de

14

ramas cargados de aceitunas negras y de pájaros, lo que se nos presenta ante los ojos es un
enorme, un monótono, un interminable campo de maíz híbrido, todo a la misma altura, tal
vez con el mismo número de hojas en los tallos,
y mañana tal vez con la misma disposición y el
mismo número de mazorcas, y cada mazorca
tal vez con el mismo número de granos. No me
estoy quejando, no estoy llorando la pérdida de
algo que ni siquiera me pertenecía, sólo intento
explicar que este paisaje no es el mío, que éste
no es el sitio donde nací, que no me crié aquí.
Ya sabemos que el maíz es un cereal de primera
necesidad, para mucha gente todavía más que
el aceite, y yo mismo, en mis tiempos de muchacho, en los verdes años de la primera adolescencia, anduve por los maizales de entonces,
después de que los trabajadores terminaran la
cosecha, con un saco de tela colgado alrededor
del cuello, rebuscando las mazorcas que se hubieran quedado ocultas. Confieso, sin embargo, que experimento ahora algo así como una
satisfacción malévola, una venganza no buscada ni querida, pero que viene a mi encuentro, cuando oigo decir a la gente de la aldea
que fue un error, un disparate de los mayores, haber arrancado los viejos olivos. También
inútilmente se llorará el aceite derramado. Me

cuentan ahora que se están volviendo a plantar olivos, pero de esos que por muchos años que vivan, serán siempre pequeños. Crecen más deprisa y las aceitunas se recogen con más facilidad. Lo que no sé es dónde se meterán los lagartos.

El niño que fui no *vio* el paisaje tal como el adulto en que se convirtió estaría tentado de imaginarlo desde su altura de hombre. El niño, durante el tiempo que lo fue, *estaba* simplemente en el paisaje, formaba parte de él, no lo interrogaba, no decía ni pensaba, con estas u otras palabras: «¡Qué bello paisaje, qué magnífico panorama, qué deslumbrante punto de vista!». Naturalmente, cuando subía al campanario de la iglesia o trepaba hasta la cima de un fresno de veinte metros de altura, sus jóvenes ojos eran capaces de apreciar y registrar los grandes espacios abiertos ante él, pero hay que decir que su atención siempre prefería distinguir y fijarse en cosas y seres que se encontraran cerca, en aquello que se pudiera tocar con las manos, también en aquello que se le ofreciese como algo que, sin tener conciencia de eso, urgía comprender e incorporar al espíritu (excusado será recordar que el niño no sabía que llevaba dentro de sí semejante joya), ya fuera una culebra reptadora, una hormiga levantando al aire una raspa de trigo, un cerdo comiendo en la artesa, un sapo bamboleándose sobre las patas torcidas, o también una piedra, una tela de araña, el surco de tierra levantada que deja el hierro del arado, un nido abandonado, la lágrima de resina seca en el tronco del melocotonero, la helada brillando sobre las hierbas a ras del suelo. O el río. Muchos años después, con palabras del adulto que ya era, el adolescente escribiría un poema sobre ese río —humilde corriente de agua hoy contaminada y maloliente— en el que se bañó y por donde había navegado. *Protopoema* lo llamó y aquí queda:

Del ovillo enmarañado de la memoria, de la
    oscuridad, de los nudos ciegos, tiro de un hilo
    que me aparece suelto.
Lo libero poco a poco, con miedo de que se
    deshaga entre mis dedos.
Es un hilo largo, verde y azul, con olor a cieno,
    y tiene la blandura caliente del lodo vivo.
Es un río.
Me corre entre las manos, ahora mojadas.
Toda el agua me pasa por entre las palmas
    abiertas, y de pronto no sé si las aguas nacen
    de mí o hacia mí fluyen.
Sigo tirando, no ya sólo memoria, sino el propio
    cuerpo del río.

Sobre mi piel navegan barcos, y soy también los
barcos y el cielo que los cubre y los altos
chopos que lentamente se deslizan sobre la
película luminosa de los ojos.

Nadan peces en mi sangre y oscilan entre dos aguas
como las llamadas imprecisas de la memoria.

Siento la fuerza de los brazos y la vara que los
prolonga.

Al fondo del río y de mí, baja como un lento
y firme latir del corazón.

Ahora el cielo está más cerca y cambió de color.

Y todo él es verde y sonoro porque de rama en
rama despierta el canto de las aves.

Y cuando en un ancho espacio el barco se detiene,
mi cuerpo desnudo brilla bajo el sol, entre el
esplendor mayor que enciende la superficie de
las aguas.

Allí se funden en una sola verdad los recuerdos
confusos de la memoria y el bulto súbitamente
anunciado del futuro.

Un ave sin nombre baja de no sé dónde y va a
posarse callada sobre la proa rigurosa del barco.

Inmóvil, espero que toda el agua se bañe de azul
y que las aves digan en las ramas por qué son
altos los chopos y rumorosas sus hojas.

Entonces, cuerpo de barco y de río en la dimensión
del hombre, sigo adelante hasta el dorado
remanso que las espadas verticales circundan.

Allí, tres palmos enterraré mi vara hasta la piedra
viva.
Habrá un gran silencio primordial cuando las
manos se junten con las manos.
Después lo sabré todo.

No se sabe todo, nunca se sabrá todo,
pero hay horas en que somos capaces de creer
que sí, tal vez porque en ese momento nada
más nos podría caber en el alma, en la conciencia, en la mente, comoquiera que se llame eso
que nos va haciendo más o menos humanos.
Miro desde lo más alto del ribazo la corriente
que apenas se mueve, el agua casi plomiza, y
absurdamente imagino que todo volvería a ser
lo que fue si en ella pudiese volver a zambullir
mi desnudez de la infancia, si pudiese retomar
en las manos que tengo hoy la larga y húmeda
vara o los sonoros remos de antaño, e impeler,
sobre la lisa piel del agua, el barco rústico que
condujo hasta la frontera del sueño a un cierto
ser que fui y que dejé encallado en algún lugar
del tiempo.
Ya no existe la casa en que nací, pero ese
hecho me resulta indiferente porque no guardo
ningún recuerdo de haber vivido en ella. También ha desaparecido en un montón de escom-
bros la otra, la que durante diez o doce años fue

el hogar supremo, el más íntimo y profundo, la pobrísima morada de mis abuelos maternos, Josefa y Jerónimo se llamaban, ese mágico capullo donde sé que se generaron las metamorfosis decisivas del niño y del adolescente. Esta pérdida, sin embargo, hace mucho tiempo que dejó de causarme sufrimiento porque, por el poder reconstructor de la memoria, puedo levantar en cualquier momento sus paredes blancas, plantar el olivo que daba sombra a la entrada, abrir y cerrar el postigo de la puerta y la verja del huerto donde un día vi una pequeña culebra enroscada, entrar en las pocilgas para ver mamar a los lechones, ir a la cocina y echar del cántaro a la jícara de latón esmaltado el agua que por milésima vez me matará la sed de aquel verano. Entonces le digo a mi abuela: «Abuela, me voy a dar una vuelta por ahí». Ella responde «Vete, vete», pero no me recomienda que tenga cuidado, en ese tiempo los adultos tenían más confianza en los pequeños a quienes educaban. Meto un trozo de pan de maíz y un puñado de aceitunas e higos secos en la alforja, elijo un palo por si se diera el caso de tener que defenderme de un mal encuentro canino, y salgo al campo. No tengo mucho donde elegir: o el río, y la casi inextricable vegetación que le cubre y protege las márgenes, o los olivares y los duros rastrojos del trigo ya segado, o la densa mata de rosáceas, hayas, fresnos y chopos que bordean el Tajo, después del punto de confluencia con el Almonda, o, por último, hacia el norte, a unos cinco o seis kilómetros de la aldea, el Paular del Boquilobo, un lago, un estanque, una alberca que al creador de los paisajes se le olvidó llevarse al paraíso. No había mucho donde elegir, es cierto, pero, para el niño melancólico, para el adolescente contemplativo y tan frecuentemente triste, éstas eran las cuatro partes en que se dividía el universo, de no ser cada una de ellas el universo entero. Podía la aventura alargarse horas, pero nunca acabaría antes de que su propósito hubiese sido alcanzado. Atravesar solo las ardientes extensiones de los olivares, abrir un arduo camino entre los arbustos, los troncos, las zarzas, las plantas trepadoras que levantaban murallas casi compactas en las orillas de los dos ríos, escuchar sentado en un claro sombreado el silencio del bosque solamente quebrado por el piar de los pájaros y por el crujir de la enramada al impulso del viento, moverse sobre el paular, pasando de rama en rama a lo largo y ancho de la extensión poblada de sauces llorones que crecían dentro del agua, no son, se diría, proezas que justifiquen mención especial en una época como esta nuestra, en que, a los cinco o seis años, cualquier niño del mundo civilizado, incluso sedentario e indolente, ya ha viajado a Marte para pulverizar a cuantos hombrecitos verdes le salieran al paso, ya ha diezmado al terrible ejército de dragones mecánicos que guardaba el oro de Fuerte Knox, ya ha hecho saltar en pedazos al rey de los tiranosaurios, ya ha bajado sin escafandra ni batiscafo a las fosas submarinas más profundas, ya ha salvado a la humanidad del aerolito monstruoso que iba a destruir la Tierra. Al lado de tan superiores hazañas, el muchachito de Azinhaga sólo podría presentar su ascensión a la punta extrema del fresno de veinte metros, o si quieren, modestamente, aunque con mayor provecho para el paladar, sus subidas a la higuera del huerto, por la mañana temprano, para alcanzar los frutos todavía húmedos por el rocío nocturno y sorber, como un pájaro goloso, la gota de miel que de ellos brotaba. Poca cosa, es verdad, pero me parece más que probable que el heroico vencedor del tiranosaurio ni siquiera sería capaz de atrapar una lagartija con la mano.

No falta quien afirme seriamente, con el argumento de autoridad de alguna cita clásica, que el paisaje es un estado del alma, lo que dicho con palabras comunes quiere decir que la impresión causada por la contemplación de un paisaje siempre dependerá de las variaciones temperamentales y del humor jovial o atrabiliario que están actuando en nuestro interior en el preciso momento en que lo tengamos delante de los ojos. No me atrevo a dudar. Se presume, por tanto, que los estados del alma son pertenencia exclusiva de la madurez, de la gente crecida, de las personas que ya son competentes para manejar, con más o menos propiedad, los graves conceptos con que sutilezas así se analizan, definen y pormenorizan. Cosas de adulto, que creen saberlo todo. A este adolescente, por ejemplo, nadie le preguntó cómo se sentía de humor y qué interesantes vibraciones le estaba registrando el sismógrafo del alma cuando, todavía noche, en una madrugada inolvidable, al salir de la caballeriza donde entre caballos había dormido, fue tocado en la frente, en la cara, en todo el cuerpo, y en algo más allá del cuerpo, por la albura de la más resplandeciente de las lunas que alguna vez ojos humanos hayan visto. Y tampoco qué sintió cuando, con el sol ya nacido, mientras iba conduciendo a los cerdos por cerros y valles en el regreso de la feria donde se vendió la mayor parte, se dio cuenta de que estaba pisando un trecho de calzada tosca, formada por lajas que parecían mal ajustadas, insólito descubrimiento en un descampado que parecía desierto y abandonado desde el principio del mundo. Sólo mucho más tarde, muchos años después, comprendería que había pisado lo que con toda seguridad era un resto de camino romano.

Pese a todo, estos casos asombrosos, tanto los míos como los de los precoces manipuladores de universos virtuales, no son nada comparados con aquella vez que, con la puesta del sol, salí de Azinhaga, de casa de mis abuelos (tendría entonces unos quince años), para ir a un pueblo distante, al otro lado del Tajo, donde me encontraría con una muchachita de quien creía estar enamorado. Me cruzó el río un viejo barquero llamado Gabriel (la gente de la aldea lo llamaba Graviel), colorado del sol y del aguardiente, una especie de gigante de pelo blanco, corpulento como un San Cristóbal. Estaba yo sentado en las tablas del embarcadero, al que llamábamos puerto, en la orilla de este lado, esperándolo, mientras escuchaba, sobre la superficie acuática tocada por la última claridad del día, el ruido acompasado de los remos. Él se aproximaba lentamente, y yo percibí (¿sería mi estado del alma?) que estaba viviendo un momento que nunca habría de olvidar. Un poco más arriba del puerto de la otra orilla había un plátano enorme bajo el cual la manada de bueyes de la finca iba a dormir la siesta. Puse pies al camino, cortando a través de campos labrados, matas, zanjas, charcos, maizales, como un cazador furtivo en busca de una pieza rara. La noche había caído, en el silencio del campo sólo se oían mis pasos. Si el encuentro fue o no afortunado, más adelante lo contaré. Hubo baile, fuegos artificiales, creo que salí del pueblo cuando ya era casi medianoche. Una luna llena, menos resplandeciente que la otra, lo iluminaba todo alrededor. Antes del lugar en que tenía que abandonar la carretera para cortar campo a través, el camino estrecho por donde iba pareció terminar de repente, esconderse detrás de una cerca alta, y me mostró, como impidiéndome el paso, un árbol aislado, alto, oscurísimo en el primer momento contra la transparencia nocturna del cielo. De súbito, sopló una brisa rápida. Zarandeó los tallos tiernos de las hierbas, hizo estremecer las navajas verdes de los cañaverales y ondular las aguas pardas de un charco. Como una onda, soalzó las ramas extendidas del árbol, le subió por los troncos murmurando, y entonces, de golpe, las hojas volvieron hacia la luna la cara escondida y el haya entera (era un haya) se cubrió de blanco hasta la rama más alta. Fue un instante, nada más que un instante, pero su recuerdo durará lo que mi vida tenga que durar. No había tiranosaurios, marcianos o dragones mecánicos, es cierto que un aerolito cruzó el cielo (no cuesta creer que sí), pero la humanidad, como luego pudo comprobarse, no estuvo en peligro. Después de mucho caminar, todavía el amanecer venía lejos, me encontré en medio del campo con una choza hecha de paja y ramajes, y dentro un trozo de pan de maíz rancio con el que pude engañar el hambre. Allí dormí. Cuando me desperté, con la primera claridad de la mañana, y salí, restregándome los ojos, a la neblina luminosa que apenas dejaba ver los campos de alrededor, sentí dentro de mí, si bien lo recuerdo, si no lo estoy inventando ahora, que había, finalmente, acabado de nacer. Ya era hora.

¿Por qué tengo este temor a los perros? ¿Por qué esta fascinación por los caballos? El recelo, que todavía hoy, a pesar de algunas armoniosas experiencias vividas en los últimos tiempos, apenas consigo dominar cuando me veo ante un representante desconocido de la especie canina, me viene, tengo la certeza, de aquel pánico desatado que sentí, tendría unos siete años, cuando, era casi la noche, las farolas públicas ya encendidas, me disponía a entrar en el edificio de la calle Fernão Lopes, en Saldanha, donde convivíamos en arreglo doméstico con otras dos familias, se abrió de repente la puerta y por ella se precipitó, como la peor de las fieras malayas o africanas, el perro lobo de unos vecinos que, inmediatamente, para honrar el nombre que tenía, comenzó a perseguirme, atronando los espacios con sus ladridos furiosos mientras el pobre de mí, desesperado, amagando desde detrás de los árboles lo mejor que podía, gritaba pidiendo socorro. Los dichos vecinos, de quien me permito dar ese nombre sólo porque vivían en el mismo edificio, no porque perteneciesen a la misma clase de los don nadie que vivían en las buhardillas del sexto piso, como era nuestro caso, tardaron más tiempo en llamar al animal de lo que la elemental caridad debería haber consentido. Entretanto, si la memoria no me engaña, si no estoy juntando la humillación al pavor, los dueños del perro, jóvenes, finos, elegantes (serían los hijos adolescentes de la familia, un chico y una chica), se reían a mandíbula batiente, como en esa época todavía se decía. Gracias a la agilidad de mis piernas de entonces, el animal no llegó a alcanzarme, menos to-

27

davía a morderme, o no era ésa su intención, lo más seguro es que él mismo se asustara cuando le aparecí de sopetón a la entrada de la puerta. Tuvimos miedo el uno del otro, eso es lo que pasó. El lado intrigante del episodio, de lo más banal por lo demás, es que yo sabía, cuando me encontraba en el lado de fuera de la puerta, que el perro, precisamente ese perro, estaba allí esperándome para lanzarse sobre mi gaznate... Lo sabía, no me pregunten cómo, pero lo sabía...

¿Y los caballos? Mi problema con los caballos es más espinoso, una de esas cosas que se quedan clavadas toda la vida en el alma de una persona. Una hermana de mi madre, María Elvira era su nombre, estaba casada con un tal Francisco Dinís, que trabajaba como guarda en la finca del Mouchão de Baixo, parcela del Mouchão dos Coelhos, designación por la que era conocido el conjunto de una extensa propiedad en la orilla izquierda del Tajo, más o menos en línea recta con una aldea que estaba hacia el interior llamada Vale de Cavalos. Volvamos al tío Francisco Dinís. Ser guarda de una propiedad de tal tamaño y poder significaba pertenecer a la aristocracia del campo: escopeta de cazador de dos caños, sombrero verde, camisa blanca de cuello siempre abotonado, ya abrasase el calor o congelara el frío, faja encarnada, botas camperas, chaqueta corta y, evidentemente, caballo. Pues bien, en tantos años —desde los ocho de edad hasta los quince son muchos, muchísimos— nunca se le ocurrió a aquel tío subirme a la deseada silla, y yo, supongo que por un orgullo infantil del que no podía ser consciente, tampoco se lo pedí nunca. Un bello día, no recuerdo bien por qué vías de acceso (tal vez porque la conociera otra hermana de mi madre, María de la Luz, tal vez por una hermana de mi padre, María Natalia, que servía en Lisboa como criada en casa de la familia Formigal, en la calle de los Ferreiros à Estrela, donde una eternidad después yo acabaría viviendo), se alojó en el Casalinho, que así era llamada desde tiempos muy lejanos la humilde casa de mis abuelos maternos, una señora todavía joven, «amiga», como entonces se decía, de un comerciante de la capital. Que estaba débil y necesitaba descanso, razón por la que fue a parar allí para pasar una temporada, respirando los buenos aires de Azinhaga y, de camino, mejorar con su presencia y su dinero la escasez de la casa. Con esta mujer, de cuyo nombre no tengo la certeza de acordarme exactamente (tal vez fuese Isaura, tal vez Irene, Isaura sería), tuve

29

unas sabrosas luchas cuerpo a cuerpo y unos juegos de manos, empujas tú, empujo yo, que siempre acababan con ella (yo debía de tener entonces alrededor de catorce años) echada sobre una de las camas de la casa, pecho contra pecho, pubis contra pubis, mientras la abuela Josefa, sabida o inocente, se reía con buen reír y decía que yo tenía mucha fuerza. La mujer se levantaba palpitante, colorada, componía el peinado deshecho y juraba que si fuese en serio no se habría dejado vencer. Tonto de remate fui yo, o ingenuo, que podía haberle tomado la palabra y nunca me atreví. Su relación con el tal comerciante era una cosa seria, estable, como lo demostraba la hija de ambos, una niña de unos pálidos y sumidos siete años, que también tomaba los aires con la madre. Mi tío Francisco Dinís era un hombre pequeñito, envarado, bastante marimandón en casa, pero la docilidad en persona siempre que tenía que tratar con patrones, superiores y gente procedente de la ciudad. No era de extrañar, por tanto, que rodease de mesuras y cortesías a la visitante, cosa que podría ser entendida como prueba de la buena educación natural de la gente del campo, aunque él lo hacía de un modo que a mí siempre me pareció más cercano al servilismo que al simple respeto. Un día, ese hombre, que en paz descanse, queriendo demostrar lo bien que se comportaba con las visitas, tomó a la tal niña, la puso encima del caballo y, como si fuese el palafrenero de una princesita, la paseó de un lado a otro delante de la casa de mis abuelos, mientras que yo, callado, sufría el disgusto y la humillación. Algunos años más tarde, en la excursión de fin de curso de la Escuela Industrial Afonso Domingues, de donde saldría como cerrajero mecánico un año después, monté uno de aquellos taciturnos caballos de Sameiro, pensando que tal vez pudiese él indemnizarme en la adolescencia por el tesoro que me fue robado en la infancia: la alegría de una aventura que, habiendo estado al alcance de mi mano, no me dejaron tocar. Demasiado tarde. El esmirriado rocinante de Sameiro me llevó a donde quiso, se detuvo cuando le apeteció y no volvió la cabeza para decirme adiós cuando me dejé caer de la silla, tan triste como en aquel día. Hoy tengo imágenes de esos animales por toda la casa. Quien me visita por primera vez me pregunta casi siempre si soy jinete, cuando la única verdad es que todavía sufro los efectos de la caída de un caballo que nunca monté. Por fuera no se nota, pero el alma me anda cojeando desde hace setenta años.

Una cereza trae otra cereza, un caballo trajo un tío, un tío traerá la versión rural de la última escena del *Otelo* de Verdi. Como en la mayor parte de las casas antiguas de Azinhaga, hablo, claro está, de las viviendas del pueblo menudo, la de estos mis tíos en el Mouchão dos Coelhos, construida, conviene decirlo, sobre una base de piedra, alta de no menos de dos metros, con escalera exterior de acceso para que no le entrasen las grandes riadas del invierno, estaba compuesta por dos habitaciones, una que daba a la calle (en este caso, al campo), la que llamábamos habitación de fuera, y otra era la cocina, con salida al huerto también por una escalera de madera, ésta más simple que la de la fachada principal. Mi primo José Dinís y yo dormíamos en la cocina, en la misma cama. Era este José Dinís unos tres o cuatro años más pequeño que yo, pero la diferencia de edad y fuerza, a pesar de ser toda a mi favor, nunca le impidió andar de peleas conmigo siempre que le parecía que el primo mayor le andaba queriendo adelantar en las preferencias, implícitas o explícitas, de las muchachitas de la zona. Nunca se me olvidarán los celos locos que el pobre niño padeció por una chiquilla de Alpiarça llamada Alice, guapa y delicada, que más tarde acabaría casándose con un joven sastre y que, muchos años después, se vino a vivir a Azinhaga con el marido, que seguía trabajando en el oficio. Cuando me dijeron, en unas vacaciones cualesquiera, que ella había regresado, fui y pasé disimuladamente por la puerta y, durante un rápido instante, apenas el tiempo de una mirada, me reencontré con todos los años pasados. Ella estaba cosiendo con la cabeza inclinada, no me vio, por eso no llegué a saber si me habría reconocido. Del primo José Dinís tengo todavía que recordar que, pese a llevarnos como el perro y el gato, más de una vez lo vi tirándose al suelo llorando desesperado cuando, acabadas las vacaciones, me despedía de la familia para regresar a Lisboa. No quería ni mirarme, y, si intentaba aproximarme, me recibía con golpes y puntapiés. Mucha razón tenía la tía María Elvira cuando decía del hijo: «Él es malo, pero tiene buen corazón».

Sin pedirle ayuda a nadie para acometer la dificilísima operación, José Dinís había resuelto el problema de la cuadratura del círculo. Era malo, pero tenía buen corazón...

Los celos eran, pues, una enfermedad congénita de la familia Dinís. Durante el tiempo de las cosechas, pero también cuando los melonares comenzaban a madurar y los granos de maíz a endurecerse en las mazorcas, el tío Francisco Dinís raramente pasaba en casa una noche completa. Recorría la finca, grande como un latifundio, que en realidad lo era, montado en su caballo, con la escopeta cruzada en la silla, a la caza de maleantes mayores o menores. Imagino que si la necesidad de mujer apretaba, ya sea por efecto lírico de la luz de la luna, o por el rozar de la silla en la entrepierna, trotaba hasta casa, se desahogaba en un instante, descansaba un poco del esfuerzo y luego regresaba a la ronda nocturna. En una inolvidable madrugada, dormíamos mi primo y yo extenuados por las peleas y las correrías del día, el tío Dinís irrumpió como una furia cocina adentro, blandiendo la escopeta y gritando: «¿Quién ha estado aquí? ¿Quién ha estado aquí?». Al principio, atontado, arrancado al sueño de tan violenta manera, apenas conseguía vislumbrar por la puerta entreabierta la cama del matrimonio y a mi tía enfundada en un camisón blanco, con las manos en la cabeza: «¡Este hombre está loco!», gemía la pobre mujer. Loco tal vez no estuviera, pero poseído de celos, sí, lo que viene a ser más o menos lo mismo. Francisco Dinís gritaba que nos mataría a todos si no decíamos la verdad acerca de lo que allí había pasado, intimó al hijo a que respondiera ya, ya, pero el valor de José Dinís, sobradamente probado en la vida civil, no era suficiente para enfrentarse a un padre armado con un trabuco y echando espuma por la boca. Intervine entonces diciendo que nadie había entrado en casa, que como de costumbre nos habíamos acostado después de cenar, y nada más. «¿Y después, y después, juras que nadie ha estado aquí?», vociferó el Otelo del Mouchão de Baixo. Comencé a comprender lo que estaba pasando, la pobre tía María Elvira, desde la cama, me incitaba: «Díselo tú, Zezito, díselo tú, que él a mí no me cree». Me parece que ésa fue la primera vez en la vida que di mi palabra de honor, era cómico, un niño de catorce años dando su palabra de que la tía no había metido a otro hombre en la cama, como si yo, que dormía a pierna suelta, pudiese saberlo (no, no debo ser cínico, la tía María Elvira era una honestísima mujer), pero lo cierto es que la solemnidad de esa palabra de honor produjo efecto, supongo que por la novedad, porque el habla de la gente de la tierra, quitando los juramentos y las maldiciones, era sí, sí, no, no, sin desperdicios de floreados retóricos. Mi tío se calmó, apoyó la escopeta en la pared y todo se aclaró. La cama era de esas que tienen en la cabecera y los pies unas varas de latón movibles, mantenidas en las barras laterales por unas piezas esféricas del mismo metal, cuya tuerca interna, por el uso, se había ido alisando y perdiendo agarre. Cuando mi tío entró y subió la torcida del quinqué de petróleo, se encontró lo que creyó ser la prueba de su deshonra: la vara de la cabecera, como un dedo acusador, se había soltado de uno de los lados y colgaba sobre la mujer que dormía. Al moverse en la cama la tía María Elvira debía de haber levantado un brazo y hecho saltar la vara de su lugar. Qué desvergüenzas, qué orgías infames se habría imaginado Francisco Dinís, qué agitaciones de cuerpos arrebatados por todos los desvaríos eróticos imaginables, no podría yo entonces imaginarlos, pero que el pobre hombre no tuviera la inteligencia de darse cuenta de que por allí no venían los tiros, de haberlos, muestra hasta qué punto los celos son capaces de cegar ante las evidencias más cristalinas los ojos de cualquiera. Si hubiese sido yo de la raza cobarde de los Yago (no sé, no vi, estaba durmiendo), tal vez el silencio de la noche en el Mouchão de Baixo habría sido cortado por dos tiros de escopeta y una mujer inocente yacería muerta entre unas sábanas que no habían conocido más olores y fluidos masculinos que los del propio uxoricida.

36

Me acuerdo de que este tío aparecía de vez en cuando con un conejo o una liebre cazados durante sus vueltas por la finca. Para él, que era guarda, la veda debía de ser palabra vana. Un día llegó a casa triunfante como un cruzado que viniese de desbaratar un ejército de infieles. Traía una gran ave colgada del arzón, una garza gris, bicho nuevo para mí que dudo de que fuera legal matar. Tenía una carne tirando a oscura, con ligero gusto a pescado, si es que no estoy ahora, después de tantos años, soñando con sabores que nunca me acariciaron el paladar ni me pasaron por la garganta.

Del Mouchão de Baixo es también la sobre todas edificante historia de la Pezuda, una mujer de quien me he olvidado el nombre, o quizá nunca lo supe, y a quien llamábamos así porque tenía unos pies enormes, desgracia que ella no podía ocultar porque, como todos nosotros (me refiero a los chiquillos y a las mujeres), andaba descalza. La Pezuda era vecina de mis tíos, pared con pared, vivían, ella y el marido, en una casa igual que la nuestra (no recuerdo que tuvieran hijos), y como tantas veces sucedía por aquellos parajes donde, en el sentido más estricto, para lo bueno y lo malo, se me criaron el cuerpo y el espíritu, las dos familias andaban cada una con su música, no se trataban, no se hablaban, ni siquiera para darse los buenos días. (La vecina de al lado de mi abuela Josefa, en las Divisiones, que así se llamaba aquella parte de la aldea porque los olivos de allí pertenecían a propietarios diferentes, era ni más ni menos que una hermana de mi abuelo Jerónimo, de nombre Beatriz, y el caso es que, siendo de la misma sangre, viviendo a cada lado del tabique, puerta con puerta, habían roto toda relación, se odiaban desde unos tiempos a los que mi memoria de infante no podía llegar. Nunca supe los motivos del enfado que los había separado.) La Pezuda, obviamente, tenía su nombre por bautismo de la iglesia y en el registro civil, pero para nosotros era sólo la Pezuda, y con ese feísimo apodo quedaba todo dicho. Hasta tal punto que un célebre día (tendría alrededor de doce años), estando sentado a la puerta de la casa, en la parte alta de la escalera, y viendo pasar a la detestada vecina (detestada nada más que por una cuestión de equivocada solidaridad familiar, ya que la mujer nunca me había hecho mal alguno), le dije a la tía, que estaba cosiendo en el interior: «Ahí va la Pezuda». La voz me salió más alta de lo que esperaba y la Pezuda me oyó. Desde abajo, llena de razón, me cantó las cuarenta, me dijo de todo menos bonito, me reprochó la mala educación de niñato de Lisboa (yo podía ser de todo menos niñato de Lisboa), a quien, por lo visto, no le habían enseñado a respetar a las personas mayores, lo que entonces era un deber fundamental en el regular funcionamiento de la sociedad. Y remató la jaculatoria amenazándome con contárselo todo al marido así que regresara del trabajo, cuando se pusiera el sol. No me queda más remedio que confesar que anduve el resto del día con el corazón encogido y palpitaciones en el estómago, temiéndome lo peor, porque el hombre, según se contaba, tenía fama y provecho de bruto. Decidí para mis adentros que me haría invisible hasta que la noche acabara de cerrarse, pero la tía Elvira se dio cuenta de la maniobra y, cuando me disponía a perderme por las cercanías, me dijo con el tono más tranquilo del mundo: «A la hora que suele venir del trabajo, tú te sientas en la entrada de la casa y te quedas esperando. Si él quiere pegarte, aquí estoy yo, pero tú no te escondes». Éstas son las buenas lecciones, las que duran toda la vida, las que nos agarran por el hombro cuando estamos dispuestos a ceder. Recuerdo (me acuerdo de verdad, no es adorno literario de última hora) una puesta de sol bellísima, y yo allí sentado en el escalón de la puerta de la casa, mirando las nubes rojas y el cielo violeta, sin saber lo que me iba a ocurrir, pero, evidentemente, seguro de que mi día iba a acabar mal. Eran las tantas, ya había oscurecido, cuando llegó el vecino, subió la escalera de su casa y yo pensé: «Llegó la hora». No volvió a salir. Todavía hoy sigo sin saber qué pasaría allí dentro. ¿Le contó la mujer lo sucedido y él consideró que no merecía la pena tomar en serio la mala educación de un mozalbete? ¿Fue ella tan generosa que no le dijo ni una palabra al marido acerca del infeliz episodio, aceptando así la ofensa lanzada contra unos pies de los que no tenía culpa? ¿Habría pensado en todo lo que me podría decir a mí en tono despreciativo, tartamudo, por ejemplo, y que por caridad se estaba callando? Lo cierto es que cuando mi tía me llamó para que fuera a cenar no había solamente satisfacción en mis pensamientos. Sí, me sentía contento por haber conseguido aparentar un valor que al fin y al cabo me llegó de prestado, pero también experimentaba la incómoda impresión de que me faltaba algo. ¿Hubiera preferido que me castigaran con un severo tirón de orejas o unos azotes en el sitio apropiado, que todavía estaba en buena edad de recibir? Mi sed de martirio no podía llegar a tanto. No me quedan dudas, sin embargo, de que algo quedó en suspenso aquella noche. O, pensándolo mejor, ahora que escribo sobre lo que pasó, tal vez no. Tal vez la actitud de los malquistos vecinos del Mouchão dos Coelhos era, simplemente, la segunda lección que todavía andaba necesitando.

Ha llegado el momento de explicar las razones del título que al principio pensé darle a estos recuerdos —*El libro de las tentaciones*— y que, a primera vista, y también en una segunda y en una tercera, parece que no tiene nada que ver con los asuntos tratados hasta ahora y seguramente con la mayoría de los que trataré a continuación. La ambiciosa idea inicial —del tiempo en que trabajaba en *Memorial del convento,* hace ya cuántos años— era mostrar que la santidad, esa manifestación «teratológica» del espíritu humano capaz de subvertir nuestra permanente y por lo visto indestructible animalidad, perturba la naturaleza, la confunde, la desorienta. Pensaba entonces que aquel alucinado San Antonio que Hieronymus Bosch pintó en *Las tentaciones,* por el hecho de ser santo, había obligado a levantarse de lo más profundo a todas las fuerzas de la naturaleza, las visibles y las invisibles, los monstruos de la mente y las sublimidades que produce, la lujuria y las pesadillas, todos los deseos ocultos y todos los pecados manifiestos. Curiosamente, la tentativa de transportar asunto tan esquivo (ay de mí, no tardé en comprender que mis dotes literarias quedaban muy por debajo de la grandiosidad del proyecto) hasta una simple recuperación de recuerdos a la que, claro, convendría un título más proporcionado, no impidió que me hubiera visto a mí mismo en situación de alguna manera semejante a la del santo. Es decir, siendo yo un sujeto del mundo, también tendría que ser, al menos por simple «inherencia de cargo», sede de todos los deseos y objeto de todas las tentaciones. De hecho, si ponemos a un niño cualquiera, y luego a cualquier adolescente, y luego a cualquier adulto, en el lugar de San Antonio, ¿en qué se expresarían las diferencias? Así como al santo lo asediaron los monstruos de la imaginación, al niño que yo fui lo persiguieron los más horrendos pavores de la noche, y las mujeres desnudas que lascivamente siguen bailando ante todos los Antonios del planeta no son diferentes de aquella prostituta gorda que, una noche, iba yo caminando hacia el cine Salón Lisboa, solo como era habitual, me preguntó con voz cansada e indiferente: «¿Quieres venir conmigo?». Fue en la calle del Bom-Formoso, en la esquina de unas escalinatas que había allí, y yo debía de tener alrededor de doce años. Y si es cierto que algunas de las fantasmagorías de El Bosco parecen suplantar de lejos las posibilidades de cualquier comparación entre el santo y el niño, será porque ya no nos acordamos o no queremos acordarnos de lo que entonces pasaba por nuestras cabezas. Aquel pez volador que en el cuadro de El Bosco lleva al santo varón por vientos y aires no se diferencia tanto de nuestro cuerpo volando, como voló el mío tantas veces en el espacio de los jardines que hay entre los edificios de la calle Carrilho Videira, ora rozando los limoneros y los nísperos, ora ganando altura con un simple movimiento de brazos y sobrevolando los tejados. Y no me puedo creer que San Antonio haya experimentado terrores como los míos, esa pesadilla recurrente en la que me veía encerrado en una habitación de forma triangular donde no había muebles, ni puertas, ni ventanas, y en un rincón «cualquier cosa» (lo digo así porque nunca conseguí saber de qué se trataba) que poco a poco iba aumentando de tamaño mientras sonaba una música, siempre la misma, y todo aquello crecía y crecía hasta arrinconarme en la última esquina, donde por fin despertaba, angustiado, sofocado, cubierto de sudor, en el tenebroso silencio de la noche.

Nada muy importante, se podría decir. Tal vez por esa razón este libro cambió de nombre para llamarse *Las pequeñas memorias*. Sí, las memorias pequeñas de cuando fui pequeño. Simplemente.

Prosigamos. La familia Barata entró en mi vida cuando nos mudamos del edificio número 57 de la calle de los Cavaleiros a la calle Fernão Lopes. Creo que en el mes de febrero de 1927 todavía estábamos viviendo en la Morería, puesto que conservo el recuerdo vivísimo de oír pasar sobre los tejados el silbido de los tiros de artillería que disparaban desde el castillo de San Jorge contra los participantes en las revueltas que acampaban en el parque Eduardo VII. Una línea recta que se trazara desde la explanada del castillo y que tomara como punto intermedio de paso el edificio donde vivíamos, toparía infaliblemente con el tradicional puesto de mando de las insurrecciones lisboetas. Acertar o no acertar en el blanco ya sería cuestión de puntería y de temple ajustado. Como mi primera escuela fue la de la calle Martens Ferrão y la admisión a la enseñanza primaria se hacía a la edad de siete años, dejaríamos la casa de la calle de los Cavaleiros un poco antes de que comenzara la escolarización. (Aunque queda otra posibilidad a tener en cuenta, quizá más consistente, que dejo registrada antes de seguir adelante: la de que aquellos tiros no fueran de la intentona revolucionaria del 7 de febrero de 1927, y sí de otra, al año siguiente. De hecho, por muy pronto que hubiera empezado a ir al cine —el Salón Lisboa antes mencionado, más conocido por el sobrenombre de «Piojo», en la Morería, al lado del Arco del Marqués de Alegrete—, nunca tal cosa habría sucedido a la tierna edad de cinco años incompletos, que eran los que tenía en febrero de 1927.) De las personas con las que compartíamos la casa en la calle de los Cavaleiros sólo me acuerdo bien del hijo del matrimonio. Se llamaba Félix y con él sufrí una de las peores pesadillas nocturnas, seguramente causadas, todas ellas, por las horripilantes películas que entonces nos ponían y que hoy nos darían ganas de reír.

Los Barata eran dos hermanos, uno de ellos agente de policía, como mi padre, aunque pertenecía a otro cuerpo llamado de Investigación Criminal. Mi padre, que llegaría a ser subjefe unos cuantos años después, era en aquellos momentos un simple guardia de la PSP, es decir, de la Policía de Seguridad Pública, de servicio en la calle o en la comisaría, según determinara el escalafón, y, al contrario del otro, que iba siempre de paisano, exhibía en el cuello su número de placa, 567. Me acuerdo de él con una nitidez absoluta, como si, ahora mismo, estuviera viendo los guarismos de latón niquelado en el cuello duro del *dólman,* que así era designada la chaqueta del uniforme, de cotín gris en verano, de paño azul grueso en invierno. El Barata de la Policía de Investigación Criminal se llamaba Antonio, llevaba bigote y estaba casado con una tal Concepción con la que, años más tarde, surgieron problemas, ya que mi madre sospechó, o tuvo pruebas suficientes, de cierta intimidad entre mi padre y ella, exagerada a la luz de cualquier criterio de apreciación, incluyendo los más tolerantes. Nunca llegué a saber lo que pasó realmente, hablo sólo de lo que pude deducir e imaginar de unas cuantas medias palabras de desahogo materno, ya en la nueva casa. Porque ésa parece ser la razón más fuerte para que nos mudáramos de la calle Padre Sena Freitas, donde las familias vivían, a la calle Carlos Ribeiro, una y otra en el barrio que entonces estaba siendo construido en la pendiente que baja desde la iglesia de la Penha de França hasta el arranque del Vale Escuro. Fue de la calle Carlos Ribeiro de donde salí, tenía veintidós años, para casarme con Ilda Reis.

Del otro hermano Barata me acuerdo menos, pero aun así consigo verlo, bajito, redondo, tirando para gordo. Si alguna vez supe en qué trabajaba, lo he olvidado. Creo que la mujer se llamaba Emídia y él, si no me equivoco, él se llamaba José: estos nombres, así como el de la presunta liviana Concepción, soterrados durante años y años bajo aluviones de olvido, ascendieron obedientes desde las profundidades de la memoria cuando la necesidad los convocó, como una boya de corcho retenida en el fondo del agua que de repente se hubiera desprendido de la amalgama de lodo. Tenían dos hijos, Domitilia y Leandro, ambos un poco mayores que yo, ambos con historias para contar y ella, gracias sean dadas a la fortuna, con dulces historias para recordar. Comencemos por Leandro. En aquel entonces Leandro no parecía muy inteligente, por no decir que lo era bien poco o que no se esforzaba por mostrarlo. El tío Antonio Barata no empleaba su saliva en circunloquios, metáforas y rodeos, lo llamaba burro directamente, con todas las letras. Era la época en que todos aprendíamos en la *Cartilla Maternal* de João de Deus, el cual, pese a haber gozado en vida de merecida reputación de ser una digna persona y un magnífico pedagogo, no supo o no quiso huir de la sádica tentación de dejar caer a lo largo de sus lecciones unas cuantas trampas léxicas, o, si se prefiere, con ingenuo desprendimiento, no le pasó por la cabeza que pudieran llegar a serlo para algunos catecúmenos menos habilitados por la naturaleza para los misterios de la lectura. Me acuerdo (vivíamos en aquellos días en la calle Carrilho Videira, cerca de la Morais Soares) de las tempestuosas lecciones que Leandro recibía del tío, que siempre terminaban en bofetadas (como sucedía con la palmeta, también conocida como «la niña de los cinco ojos», la bofetada era un instrumento indispensable en los métodos educativos vigentes) cada vez que tropezaba con una palabra abstrusa que el pobre muchacho, según mis recuerdos, nunca conseguía decir correctamente. La aciaga palabra era «acelga», que él pronunciaba «acega». Bramaba el tío: «¡Acelga, so burro, acelga!», y Leandro, ya a la espera del sopapo, repetía: «Acega». Ni la agresividad de uno ni la angustia del otro merecían la pena, el pobre chiquillo, aunque lo mataran, diría siempre «acega». Leandro, claro está, era disléxico, pero esta palabra, aunque estuviera presente en los diccionarios, no constaba en la cartilla de nuestro bueno y querido João de Deus.

48

En cuanto a Domitilia, fuimos sorprendidos, ella y yo, dentro de la cama jugando a lo que juegan los novios, activos, curiosos de todo cuanto en el cuerpo existe para ser tocado, penetrado y removido. Me pregunto qué edad tendría en esos momentos y creo que andaría en torno a los once años o tal vez un poco menos (verdaderamente, me resulta imposible precisarlo, ya que vivimos dos veces en la calle Carrilho Videira, en la misma casa). Los atrevidos (vaya usted a saber cuál de los dos tuvo la idea, aunque lo más seguro es que la iniciativa partiera de mí) recibieron unos azotes en el culo, creo recordar que bastante pro-forma. Sin demasiada fuerza. No dudo de que las tres mujeres de la casa, incluida mi madre, debieron de reírse después las unas con las otras, a escondidas de los precoces pecadores que no habían podido aguantar la larga espera del tiempo apropiado para tan íntimos descubrimientos. Recuerdo que estaba en la terraza de la parte de atrás de la casa (en un quinto piso altísimo), de cuclillas, con la cara metida entre los hierros, llorando, mientras Domitilia, en la otra punta, me acompañaba en las lágrimas. Pero no hicimos propósito de enmienda. Unos años después, ya vivía yo en el número 11 de la calle Padre Sena Freitas, ella fue a visitar a la tía Concepción, y el caso es que no estaban allí ni la tía ni el tío, ni mis padres tampoco estaban en casa, gracias a lo cual tuvimos tiempo de sobra para acercamientos e investigaciones que, aunque sin llegar a hechos consumados, dejaron impagables recuerdos en el uno y en la otra, o por lo menos en mí, que todavía aquí la estoy viendo, desnuda de cintura para abajo. Más tarde, vivían ya los dos Barata en la plaza de Chile, iba a visitarlos con las miras puestas en Domitilia, pero, como entonces ya éramos crecidos y estábamos habilitados para todo, difícilmente podíamos tener un momento para nosotros solos. También fue en la calle Padre Sena Freitas donde dormí (o no dormí) parte de una noche con una prima (se llamaba como mi madre, María de la Piedad, que además de tía, era también su madrina) un poco mayor que yo, acostados en la misma cama, ella de la cabecera a los pies, yo de los pies a la cabecera. Precaución inútil de las ingenuas madres. Mientras ellas retomaban en la cocina la conversación que no debíamos oír y que habían interrumpido para mandarnos a la cama, donde con sus propias y cariñosas manos nos taparon y acomodaron, nosotros, después de algunos minutos de ansiosa espera, con el corazón dando brincos, bajo la sábana y la manta, a oscuras, dimos comienzo a una minuciosa y mutua exploración táctil de nuestros cuerpos, con precisión y ansiedad justificadas, aunque también de una manera que fue no sólo metódica, sino también de lo más instructiva que estaba a nuestro alcance desde el punto de vista anatómico. Recuerdo que el primer movimiento de mi parte, el primer abordaje, por decirlo así, encaminó mi pie derecho hasta el pubis ya florido de Piedad. Fingíamos dormir como dos angelitos cuando, iba ya la noche bien entrada, la tía María Mogas, que estaba casada con un hermano de mi padre llamado Francisco, vino a recogernos a la cama para regresar a casa. Aquéllos, sí, eran tiempos de inocencia.

Debimos de vivir en la calle Padre Sena Freitas unos dos o tres años. Cuando comenzó la guerra civil española ésa era nuestra casa. La mudanza a la calle Carlos Ribeiro sería en el 38, o tal vez en el mismo 37. Salvo que esta todavía presentable memoria mía deje salir a la superficie nuevas referencias y nuevas fechas, me resulta difícil, por no decir imposible, situar ciertos acontecimientos en el tiempo, pero tengo la certidumbre de que este que voy a relatar es anterior al principio de la guerra en España. Existía en aquel entonces un divertimento muy apreciado entre las clases bajas, que cada uno podía fabricar en su casa (tuve poquísimos juguetes, e, incluso ésos, por lo general de lata, comprados en la calle a los vendedores ambulantes), y que consistía, el tal divertimento, en una pequeña tabla rectangular en la que se clavaban veintidós puntillas, once a cada lado, distribuidas como se colocaban los jugadores en el campo de fútbol antes de que aparecieran las nuevas tácticas modernas, es decir, cinco en la primera línea, que eran los delanteros, tres a continuación, que eran los medios, también llamados *halfs,* a la inglesa, dos o tres atrás, denominados defensas, o *backs,* y finalmente los porteros, o *keeper.* Se podía jugar con una canica pequeña, pero, con más frecuencia, se usaba una bolita de metal, de las que se encuentran en los rodamientos, que alternativamente era empujada, de un lado y de otro, con una pequeña espátula, por entre las puntillas, hasta ser introducida en la portería (también había porterías) y así marcar un gol. Con estos pobrísimos materiales se divertía la gente, tanto la gente menuda como la crecida, y se jugaban reñidos desafíos y campeonatos. Observado a esta distancia parecería, y tal vez lo fuera durante algunos minutos, la edad de oro. Pero no lo fue siempre, como ya se va a ver. Un día, estábamos en la terraza de la parte de atrás de la casa mi padre y yo, jugando (recuerdo que, en aquellos tiempos, las familias de escasas posesiones se pasaban la mayor parte del tiempo en la parte de atrás de las casas, sobre todo en las cocinas), yo sentado en el suelo, él en un banquito de madera, de los que se encontraban habitualmente y eran considerados imprescindibles, sobre todo por las mujeres, que solían usarlos para coser. A mis espaldas, de pie, presenciando el juego, estaba Antonio Barata. Mi padre no era persona de dejar que el hijo le ganara, y por eso, implacable, aprovechándose de mi poca habilidad, iba marcando goles unos tras otros. El tal Barata, como agente de la Policía de Investigación Criminal que era, debería de haber recibido entrenamiento más que suficiente en cuanto a los diferentes modos de ejercer una eficaz presión psicológica sobre los detenidos a su cargo, pero pensaría que podría aprovechar la ocasión para ejercitarse un poco más. Con un pie me iba dando por detrás, mientras decía: «Estás perdiendo, estás perdiendo». El chiquillo aguantó lo que pudo al padre que lo derrotaba y al vecino que lo humillaba, pero, de pronto, desesperado, dio un golpe (un golpe, pobre de él, un roce de cachorrito) en el pie de Barata, al mismo tiempo que se desahogaba con las pocas palabras que en tales circunstancias podrían decirse sin ofender a nadie: «¡Estese quieto!». Todavía no había terminado la frase y ya el padre vencedor le asestaba dos bofetadas en la cara que lo hacían rodar por el suelo de cemento de la terraza. Por haberle faltado al respeto a una persona mayor, claro está. Uno y otro, el padre y el vecino, ambos agentes de la policía y honestos celadores del orden público, nunca se dieron cuenta de que, ellos, le habían faltado al respeto a una persona que todavía tenía que crecer mucho para poder, por fin, contar la triste historia. La suya y la de ellos.

Desde aquella terraza, tiempo después, mantuve un noviazgo con una muchachita de nombre Deolinda, dos o tres años mayor que yo, que vivía en un edificio de una calle paralela, la Travessa do Calado, cuyas traseras daban a las de mi casa. Hay que aclarar que noviazgo, lo que entonces se llamaba noviazgo, de los de petición formal y promesas para durar más o menos («¿Quieres ser mi novia?» «Vale, si vas en serio.»), eso no llegó a pasar. Nos mirábamos mucho, nos hacíamos señales, conversábamos de terraza a terraza sobre los patios respectivos y las cuerdas de la ropa, pero nada más avanzado en materia de compromisos. Tímido, retraído, como era mi carácter, fui algunas veces a su casa (vivía, creo recordar, con unos abuelos), decidido al mismo tiempo a todo o a lo que fuera posible. El todo acabaría en nada. Ella era muy linda, de carita redonda, pero, para mi disgusto, tenía la dentadura picada, y, sobre todo, debía de pensar que yo era demasiado joven para empeñar conmigo sus sentimientos. Se divertía un poco a falta de otro pretendiente más idóneo, aunque, o estoy equivocado desde entonces, sentía pena porque la diferencia de edades se notase tanto. En cierto momento desistí de la empresa. Ella tenía el apellido Bacalhao, y yo, por lo visto ya sensible a los sones y a los sentidos de las palabras, no quería que mi mujer fuese por la vida cargando con el nombre de Deolinda Bacalhao Saramago.

En otro lugar he contado el cómo y el porqué del apellido Saramago. Que ese Saramago no era apellido paterno, sino el apodo por el que era conocida la familia en la aldea. Que cuando mi padre fue a inscribir en el registro civil de Golegã el nacimiento de su segundo hijo sucedió que el funcionario (Silvino se llamaba) estaba borracho (por despecho, de eso lo iba a acusar siempre mi padre), y que, bajo los efectos del alcohol y sin que nadie notara el onomástico fraude, decidió, por su cuenta y riesgo, añadir el Saramago al lacónico José de Sousa que mi padre pretendía que llevara. Y que, de esta manera, finalmente, gracias a una intervención a todas luces divina —me refiero, claro está, a Baco, dios del vino y de todos aquellos que se exceden en beberlo—, no tuve la necesidad de inventar un pseudónimo para, habiendo futuro, firmar mis libros. Suerte, gran suerte la mía, fue que no naciera en alguna de las familias de Azinhaga que, en aquel tiempo y durante muchos años más, tuvieron que arrostrar los obscenos alias de Pichatada, Culoroto y Caralhada. Entré en la vida marcado con este apellido de Saramago sin que la familia lo sospechase, y sólo a los siete años, al matricularme en la instrucción primaria, y siendo necesario presentar partida de nacimiento, la verdad salió desnuda del pozo burocrático, con gran indignación de mi padre, a quien, desde que se mudó a Lisboa, el apodo le disgustaba mucho. Pero lo peor de todo vino cuando, llamándose él únicamente José de Sousa, como se podía ver en sus papeles, la Ley, severa, desconfiada, quiso saber por qué bulas tenía entonces un hijo cuyo nombre completo era José de Sousa Saramago. Así intimado, y para que todo quedara en su lugar, en lo sano y en lo honesto, mi padre no tuvo otro remedio que proceder a una nueva inscripción de su nombre, pasando a llamarse, él también, José de Sousa Saramago. Supongo que habrá sido éste el único caso, en la historia de la humanidad, en que el hijo le dio nombre al padre. No nos sirvió de mucho, ni a nosotros ni a ella, porque mi padre, firme en sus antipatías, siempre quiso y consiguió que lo trataran únicamente por Sousa.

Un día, un vecino nuestro, digo vecino porque vivíamos en la misma calle (era todavía la del Padre Sena Freitas), no porque nos conociéramos, hombre joven, tal vez de unos veintitantos años, se volvió loco. Se decía que había perdido el juicio del mucho leer y mucho estudiar. Como don Quijote. Me acuerdo de la crisis que le dio, la única de que fuimos testigos oculares, porque después no volvimos a saber nada más de él, lo más seguro es que lo hubieran internado en Rilhafoles, que era como se llamaba el manicomio. De repente, comenzamos a oír unos gritos que llegaban de fuera, angustiosos, desgarradores, y corrimos a una ventana, mi madre, Concepción y yo, a ver qué estaba pasando. Él vivía en el último piso de un edificio bastante más alto que el nuestro, al otro lado de la calle y un poco hacia la derecha de la casa que ocupábamos, que era un edificio que hace esquina con la calle Cesário Verde. Lo vimos asomarse a la ventana, una vez y otra, como si quisiera tirarse desde allí, la prueba de que así era es que inmediatamente aparecían por detrás de él unas manos reteniéndolo, y él se debatía, gritaba que era de partir el corazón, y repetía las mismas palabras: «¡Ay, San Hilario! ¡Ay, San Hilario!». El porqué de aquel apelo a San Hilario nunca llegamos a conocerlo. Poco después apareció una ambulancia, que debía de ser de los bomberos, lo subieron dentro y nunca más regresó, por lo menos durante el tiempo que vivimos allí.

A esas alturas yo ya estaba en la Escuela Industrial Afonso Domingues, en Xabregas, tras los dos breves años que pasé en el Liceo Gil Vicente, entonces instalado en el convento de San Vicente de Fora. Rigurosamente, la cronología de mis escasos estudios es la siguiente: entré en el liceo en 1933, todavía con diez años (las clases comenzaban en octubre y mi aniversario es en noviembre), estuve allí los años lectivos 1933-1934 y 1934-1935, y fui a la Afonso Domingues cuando iba a cumplir trece años. Hay que tener en cuenta que debido a las disciplinas técnicas, como Talleres, Mecánica y Diseño de Máquinas, que obviamente no formaban parte del programa oficial del bachillerato, iba con un año de retraso en la Afonso Domingues, es decir, entré en primero para estas materias y en segundo para las restantes. La secuencia, por tanto, de mi escolarización en la Escuela Industrial: curso 35-36, segundo y primero; 36-37, tercero y segundo; 37-38, cuarto y tercero; 38-39, quinto y cuarto; 39-40, quinto. La excursión al Sameiro, la del caballo que no quiso despedirse de mí, ocurrió al final del año lectivo 38-39, pero antes de los exámenes, y en algún momento de juego tuve la mala suerte de torcerme el pie izquierdo al dar un salto, con el resultado de una fractura en el calcáneo que me obligó a andar más de un mes con una especie de bota de escayola hasta la rodilla, que se asentaba en el suelo gracias a un hierro curvo cuyas puntas, que llamábamos estribo, se embutían en el yeso. Esa bota de yeso fue festejadísima con firmas, dibujos y garabatos de los colegas. Uno de ellos hasta tuvo la idea de que podría aprovecharla como chuleta para el examen escrito de Matemáticas: «Te levantas el pantalón, y ya está». Pese a no haber seguido el consejo, salí aprobado.

Creo que la ocasión es buena para hablar de otro episodio relacionado con mi aparición en este mundo. Como si no tuviéramos suficiente con el delicado problema de identidad suscitado por el apellido, otro vendría a juntársele, el del día del nacimiento. En realidad nací el 16 de noviembre de 1922, a las dos de la tarde, y no el día 18, como afirma la partida del registro civil. Ocurrió que en aquellas fechas estaba mi padre trabajando fuera de la aldea, lejos, y, aparte de no haber asistido al nacimiento del hijo, sólo pudo regresar a casa después del 16 de diciembre, más probablemente el 17, que era domingo. Entonces, y supongo que también hoy, la inscripción de un nacimiento debía realizarse en el plazo de treinta días, bajo pena de multa en caso de infracción. Puesto que en aquellos tiempos patriarcales, tratándose de un hijo legítimo, a nadie se le pasaría por la cabeza que la inscripción fuera hecha por la madre o por un pariente cualquiera, y teniendo en cuenta que el padre era considerado oficialmente autor único del nacido (en el boletín de matrícula en el Liceo Gil Vicente sólo consta el nombre de mi padre, no el de mi madre), se esperó a que regresara, y, para no tener que pagar la multa (cualquier cuantía, incluso pequeña, sería excesiva para la economía de la familia), se puso dos días más tarde la fecha real del nacimiento, y el caso quedó solucionado. Siendo la vida en Azinhaga lo que era, penosa, difícil, los hombres salían muchas veces a trabajar durante semanas, por eso no debo de haber sido ni el primer caso ni el último culpable de estos pequeños fraudes. Y sobre la fecha que consta en el documento de identidad, moriré dos días más viejo, pero espero que la diferencia no se note demasiado.

En el lado derecho del mismo rellano (todavía vivíamos en la calle Padre Sena Freitas) vivía una familia integrada por marido y mujer, más el hijo de ambos. Él era pintor en una fábrica de cerámica, la Viúva Lamego, que estaba en el barrio del Intendente. La mujer era española, no sé de qué parte de España, se llamaba Carmen, y el hijo, un muchachito rubio, tendría, a esas alturas, unos tres años (así es como lo recuerdo, como si nunca hubiera crecido en el tiempo que vivimos allí). Éramos buenos amigos, ese pintor y yo, lo que parecerá sorprendente, dado que se trataba de un adulto, con una profesión fuera de lo común en mi minúsculo mundo de relaciones, porque yo no pasaba de ser un adolescente desmadejado, lleno de dudas y certezas, pero tan poco consciente de unas como de las otras. El apellido de él era Chaves, del nombre propio no me acuerdo, o nunca llegué a saberlo, para mí fue siempre, y sólo, el señor Chaves. Para adelantar trabajo o tal vez para cobrar horas extraordinarias, él hacía cerámica en casa y era en esos momentos cuando iba a visitarlo. Llamaba a la puerta, abría la mujer, siempre ríspida y que apenas me prestaba atención, y pasaba al pequeño comedor, donde, en una esquina, iluminado por un flexo, se encontraba el torno de alfarero con el que trabajaba. El banco alto en el que yo debía sentarme ya estaba allí, esperándome. Me gustaba verlo pintar los barros, cubiertos de vidriado por fundir, con una pintura casi gris que, después de la cocedura, se transformaría en el conocido tono azul de este tipo de cerámica. Mientras las flores, las volutas, los arabescos, los entrelazados iban apareciendo bajo los pinceles, conversábamos. Aunque yo fuera joven y mi experiencia de la vida la que se puede imaginar, intuía que aquel hombre sensible y delicado se sentía solo. Hoy tengo certidumbre de eso. Seguí frecuentando la casa incluso después de que mi familia se mudara a la calle Carlos Ribeiro, y un día le llevé una cuarteta al estilo popular que él pintó en un plato pequeño, con forma de corazón, y cuya destinataria sería Ilda

Reis, a quien comenzaba a pretender. Si la memoria no me falla, habrá sido ésta mi primera «composición poética», un tanto tardía, dígase en aras de la verdad, si tenemos en cuenta que iba camino de los dieciocho años, si no los había cumplido ya. Fui felicitadísimo por el amigo Chaves, que era de la opinión de que debería presentarme a unos juegos florales, esos deliciosos certámenes poéticos, entonces muy en boga, que sólo la ingenuidad salvaba del ridículo. El producto de mi inspiración rezaba así: «Cautela, que nadie oiga / el secreto que te digo: / te doy un corazón de loza / porque el mío va contigo». Reconózcase que habría merecido, por lo menos, por lo menos, la violeta de plata...

La pareja no parecía entenderse bien, la española, antipática, consideraba detestable todo lo que le oliese a Portugal. Si él era pacientísimo, fino, de discretas y medidas frases, ella pertenecía al tipo guardia civil, áspera, grande y ancha, con una lengua de trapo que destrozaba sin piedad la lengua de Camões. Y todavía eso era lo de menos, comparado con la agresividad de su carácter. En esa casa comencé a oír Radio Sevilla cuando la guerra civil ya había empezado. Curiosamente, nunca llegué a saber con certeza de qué lado de la contienda estaban, sobre todo ella, siendo española. Sospecho, sin embargo, que doña Carmen estaba en el bando de Franco desde primera hora... Oyendo Radio Sevilla creé en mi cabeza una confusión de mil demonios, que se mantuvo durante largo tiempo. Salía entonces en la radio el general Queipo de Llano, con sus charlas políticas, de las que, excusado será decir, no recuerdo ni una palabra. Lo que sí se me quedó para siempre en la memoria fue el anuncio que venía a continuación, y era así: «¡Oh!, qué lindos colores, Tintas Revi son las mejores». El asunto no tendría nada de especial de no haberme convencido de que era el propio Queipo de Llano el que, terminada la intervención política, recitaba el festivo anuncio. Le faltaba esto a la «pequeña historia» de la guerra civil de España. Con perdón de la futilidad. Más serio fue el hecho de que tirara a la basura, pocos meses después, el mapa de España en el que iba clavando alfileres de colores para marcar los avances y retrocesos de los ejércitos de un lado y del otro. No creo necesario decir que mi única fuente informativa sólo podía ser la censurada prensa portuguesa, y ésa, tal como Radio Sevilla, jamás daría noticia de una victoria republicana.

La verdad es que yo también tuve mis toques de dislexia, o algo parecido, no era sólo

Leandro. Por ejemplo, me empeñé en que la palabra sacerdote debería leerse saquerdote, pero como, al mismo tiempo, sospechaba que me estaba equivocando, si tenía que pronunciarla (tratándose de término tan «erudito» esos casos no pueden haber sido muchos, aunque menos serán hoy, cuando los sacerdotes son tan pocos), encontraba la manera de que casi no se entendiera lo que decía para que no tuvieran que corregirme. Seguramente fui yo quien inventó el llamado beneficio de la duda. Al cabo de algún tiempo conseguí resolver la dificultad por mis propios medios y la palabra comenzó a salirme cabal de la boca. Alguna que otra me llegaba retorcida (éstas son historias de la escuela primaria), como la palabra sacavenense. Además de referirse al natural de Sacavém, localidad hoy engullida por el dragón insaciable en que se ha convertido Lisboa, era también el nombre de un club de fútbol que no sé si habrá conseguido sobrevivir a los atropellos del tiempo y a los purgatorios de las segundas y terceras divisiones. ¿Y cómo me las arreglaba para pronunciarla? De forma absolutamente chocante, que escandalizaba a quien me oía: sacanevense. Todavía recuerdo el alivio que sentí cuando fui capaz, por fin, de invertir las posiciones de las maleducadas sílabas.

Tengo que volver una vez más a la calle de los Cavaleiros. Las traseras de la casa daban a la calle de la Guía, en otros tiempos llamada calle Sucia, donde desembocaba la célebre calle del Capelão, presencia fatal, inevitable, en letras de fado y recuerdos de la María Severa y del Marqués de Marialva, acompañados de la guitarra y de copas de aguardiente. Tenía vistas que daban al castillo, de ahí me viene el recuerdo de los tiros de artillería que, disparados desde arriba, nos pasaban, silbando, sobre el tejado. Vivíamos en el último piso (vivimos casi siempre en últimos pisos porque el alquiler era más barato), en una habitación realquilada con derecho a cocina, como entonces informaban los anuncios. De cuarto de baño no se hablaba simplemente porque tales lujos no existían, un desagüe en un rincón de la cocina, a cielo abierto, por decirlo de una manera gráfica, servía para todo tipo de evacuaciones, tanto las sólidas como las líquidas. En *Manual de pintura y caligrafía* escribo, en cierto momento, acerca de las mujeres que llevaban para vaciar en el citado desaguadero, cubiertos con un paño, por lo general blanco, inmaculado, los recipientes de las deposiciones nocturnas y diurnas, también llamados orinales, bacines y escupideras, en cualquier caso esta última voz pocas veces usada, quizá porque su plebeyez excediese los límites de tolerancia de vocabulario de las familias. Bacín era más fino. Esta casa de la calle de los Cavaleiros, con su escalera estrecha y empinada, está relacionada con mi etapa de pesadillas soñadas durmiendo o con los ojos abiertos, pues bastaba que la noche llegara y los rincones comenzaran a llenarse de sombras para que de cada uno de ellos un monstruo extendiera hacia mí sus garras, aterrorizándome con diabólicos gestos. Recuerdo que dormía en el suelo, en la habitación de mis padres (que era la única, como ya dije), y desde allí los llamaba temblando de miedo porque debajo de la cama, o en un abrigo colgado en la percha, o en la forma contorneada de la cómoda, o en una silla, seres indescriptibles se movían y amenazaban con saltar sobre mí para devorarme. La responsabilidad de tales pavores, creo, la tuvo aquel famoso cine «Piojo», en la Morería, donde, con mi amigo Félix, me alimenté espiritualmente de las mil caras de Lon Chaney, de gente malvada y cínicos de la peor especie, de visiones de fantasmas, de magias sobrenaturales, de torres malditas, de subterráneos lóbregos, en fin, de toda la parafernalia, entonces todavía en el jardín de la infancia, del susto individual y colectivo a bajo precio. En una de esas películas, en cierto momento, romántica-mente sentado en una terraza y, por la expre-sión de la cara, cavilando en la mujer amada, aparecía el galán de la historia (era así como se decía en aquella época, pero nosotros, los del «Piojo», lo llamábamos, sin etiqueta alguna, el hombre), con el antebrazo derecho descan-sando sobre un murete del que, por el lado de fuera, tras un momento de vacilación, comen-zó a subir, tenebrosamente encapuchado y con fatigante lentitud, un leproso que asentó una de sus manos carcomidas por la enfermedad sobre la mano nívea del actor, el cual, acto se-guido, allí mismo y ante nuestra vista, contrajo, en la persona del personaje, el mal de Hansen. Nunca, en toda la historia de las enfermedades humanas, se habrá dado un caso de contagio tan rápido. El resultado de tal horror fue que, en esa noche, durmiendo en la misma cama que Félix (no sé por qué razón, dado que no era lo habitual), me desperté a altas horas de la madrugada y vi en medio del dormitorio, tam-bién comedor de la otra familia, al leproso de la película, igual que se había aparecido, todo de negro, con una capucha picuda y un bordón que le llegaba a la altura de la cabeza. Desperté a Félix, que dormía, y le susurré al oído: «Mira,

mira ahí». Félix miró y, explíquelo ahora quien pueda, vio exactamente lo que yo estaba viendo, es decir, al leproso. Atemorizados, metimos la cabeza debajo de la ropa y así nos quedamos durante mucho tiempo, asfixiados por el miedo y la falta de aire, hasta que nos atrevimos a echar una mirada por encima del embozo de la sábana para comprobar, con infinito alivio, que la pobre criatura se había marchado. En la película el hombre se curaba al final por la virtud de la fe que lo llevó a bañarse en la gruta de Lourdes, de donde, habiendo entrado manchado, salió limpio para los brazos de la mujer, o la ingenua, como también la llamábamos con igual falta de respeto. Estos terrores se acabaron con la mudanza a la calle Fernão Lopes, donde un nuevo miedo, el de los perros, estaba esperándome. La casa de la calle de los Cavaleiros era abuhardillada, como también iba a serlo la de la calle Fernão Lopes. Mirando desde nuestro piso, en la parte de atrás, el edificio me parecía altísimo, y más tarde, incluso siendo ya adulto, muchas veces soñé que me caía desde lo alto, aunque este verbo caer no debe ser entendido en su plena literalidad, o sea, en el sentido de caída desamparada, pues lo que sucedía era que me iba precipitando despacio, rozando levemente las terrazas de los pisos inferiores, la ropa tendida, las macetas de flores, hasta posarme con suavidad sobre las piedras de la calle de la Guía, intacto. Un recuerdo muy vivo de esos días es el de ir, mandado por mi madre, a comprar sal a la tienda de ultramarinos de enfrente y, después, mientras subía las escaleras, abrir el cucurucho y meterme en la boca algunos cristales que, al derretirse, me sabían a algo al mismo tiempo extraño y familiar. Es también de esa época el descubrimiento del más primitivo de los refrescos que me han pasado por la garganta: una mezcla de agua, vinagre y azúcar, la misma de que iba a servirme, con la excepción del azúcar, para, en mi *Evangelio,* matar la última sed de Jesucristo. Fue también en ese tiempo cuando me inicié en el dibujo «artístico». Aprendí a dibujar una cigüeña y un transatlántico siempre con los mismos trazos, una perfección repetida una y muchas veces que, no sé si por esa causa, acabó cansándome. A partir de ahí quedé incapacitado para dibujar fuese lo que fuese, salvo, por obligación, las piezas del motor con que tuve que vérmelas años después en la Escuela Industrial Afonso Domingues (dibujar en corte un carburador de automóvil, por ejemplo, era tarea mucho más adecuada a la perspicacia de un Sherlock Holmes que a la limitada capacidad deductiva de un muchachito de catorce años). Quien me enseñó la habilidad del transatlántico y de la cigüeña fue el padre de Félix, que tenía, ahora mismo me viene a la memoria, ideas muy precisas acerca de los mejores métodos de pedagogía aplicada: ataba el tobillo del hijo al pie de la mesa con una hebra de lana y allí lo dejaba todo el tiempo necesario para el cumplimiento integral de los deberes escolares. Yo todavía no iba a la escuela. Acompañaba a Félix en su vergüenza y pensaba si un día no me harían lo mismo.

No todo fueron sustos en las salas de cine donde el muchacho de pantalón bombacho y pelo cortado a cepillo podía entrar. Había también películas cómicas, en general cortas, con Charlot, Pamplinas, el Gordo y el Flaco, pero los actores que más me gustaban eran Pat y Patachón, que hoy parecen haber caído en el más absoluto de los olvidos. Nadie escribe sobre ellos y sus películas no se emiten en televisión. Los veía sobre todo en el Cine Animatógrafo, en la calle del Arco de Bandeira, adonde iba de vez en cuando, y recuerdo cuánto tuve que reírme en una película en que ellos (los estoy viendo en este momento) hacían de molineros. Mucho más tarde llegué a saber que eran daneses y que se llamaban, el alto y delgado, Carl Schenström, y el bajo y gordo, Harald Madsen. Con estas características físicas era cierto y sabido que vendría un día en que tendrían que interpretar a don Quijote y a Sancho Panza, respectivamente. Ese día llegó en 1926, pero yo no vi el filme. Quien no me gustaba nada era Harold Lloyd. Y sigue sin gustarme.

Todavía no he hablado de mis abuelos paternos. Como solía decir el poeta Murilo Mendes del infierno, existir, existían, pero no funcionaban. Se llamaban João de Sousa él y ella Carolina de la Concepción, y para cariñosos les faltaba todo, aunque, la verdad sea dicha, hayan sido poquísimas las ocasiones que tuvimos, unos y otro, para averiguar hasta qué punto podrían llegar nuestras mutuas disposiciones en cuanto a permutas de afecto. Los veía en contadas ocasiones, y la sequedad que creía encontrar en ambos me intimidaba. Un conjunto de circunstancias que, obviamente, no estaba en mi mano favorecer ni contrariar, me llevó a que, de forma natural, espontánea, mi puerto de abrigo en Azinhaga fuera siempre la casa de mis abuelos maternos, más la de la tía María Elvira, en el Mouchão de Baixo. La abuela Carolina, de todos modos, nunca fue de expansiones, por ejemplo, no me acuerdo de que alguna vez me hubiera dado un beso, y si me besó fue con la boca dura, como un picotazo (la diferencia se nota fácilmente), que, digo yo, para besarme así, mejor sería que no lo hubiera hecho. Quien no apreciaba nada esta preferencia incondicional por los abuelos maternos era mi padre, que un día, habiendo dicho «mis abuelos» refiriéndome a los padres de mi madre, me corrigió secamente, sin tomarse la molestia de disimular el despecho: «Tienes otros». ¿Qué podía hacer yo? ¿Fingir un amor que no sentía? Los sentimientos no se gobiernan, no son cosas de quitar y poner de acuerdo con las conveniencias del momento, menos todavía si, por la edad, es un corazón desprevenido y exento lo que llevamos dentro del pecho. La abuela Carolina murió cuando yo tenía diez años. Mi madre apareció una mañana en la escuela del Largo do Leão con la infausta novedad. Iba a buscarme, no sé si en virtud de algún precepto de conducta social del que no tenía conocimiento, pero que, por lo visto, obligaba al recogimiento inmediato de los nietos en caso de defunción de los abuelos. Recuerdo haber mirado en ese momento el reloj de pared que había en la entrada, sobre una puerta, y, como alguien que conscientemente trata de recoger informaciones que pueden llegar a serle útiles en el futuro, pensé que debería retener la hora. Creo recordar que eran las diez de la mañana y algunos minutos. En definitiva, el tal desprevenido y exento corazón infantil había decidido representar un papel: el de frío observador que subordina la emoción al registro objetivo de los hechos. La prueba de que así era me vino dada por un segundo pensamiento todavía menos exento y desprevenido, el de que me vendría bien verter una o dos lágrimas para no pasar como un nieto sin sentimientos ante los ojos de mi madre y del director de la escuela, el señor Vairinho. De lo que me acuerdo muy bien es de que la abuela Carolina estuvo enferma cierto tiempo en nuestra casa. La cama en la que yacía era la de mis padres, dónde se quedaban ellos durante esos días no tengo ni la menor idea. En lo que a mí respecta, dormía en la otra habitación de la casa que ocupábamos, en el suelo y con cucarachas (no me estoy inventando nada, de noche me pasaban por encima). Recuerdo oír repetidamente a mis padres una palabra que entonces creía que era como se llamaba la enfermedad que la abuela padecía: albúmina, que tenía albúmina (supongo ahora que sufriría de albuminuria, lo que, bien visto, no es muy diferente, porque sólo quien tiene albúmina puede tener albuminuria). Mi madre le ponía parches de vinagre caliente, no sé para qué. Durante mucho tiempo, el olor a vinagre caliente estuvo asociado en mi memoria a la abuela Carolina.

A veces me pregunto si ciertos recuerdos son realmente míos, si no serán otra cosa que memorias ajenas de episodios de los que fui actor inconsciente y de los que más tarde tuve conocimiento porque me los narraron personas que sí estuvieron presentes, si es que no hablaban, también ellas, por haberlos oído contar a otras personas. No es el caso de aquella escuelilla particular, en el cuarto o quinto piso de la calle Morais Soares, donde, antes de mudarnos a la calle de los Cavaleiros, comencé a aprender las primeras letras. Sentado en una silla bajita, dibujaba lenta y aplicadamente en la piedra, que era el nombre que se le daba entonces a la pizarra, palabra demasiado pretenciosa para salir con naturalidad de la boca de un niño y que tal vez ni siquiera conociera todavía. Es un recuerdo propio, personal, nítido como un cuadro, en el que no falta la bolsa en la que acomodaba mis cosas, de arpillera marrón, con un asa para poderla llevar colgada al hombro. Escribía en la pizarra con tiza de dos calidades que se vendía en las papelerías, una, la más barata, dura como la piedra en que se escribía, mientras que la otra, más cara, era blanda, suave, y le decíamos «de leche», debido a su color, un gris claro tirando a lechoso, precisamente. Sólo después de haber entrado en la enseñanza oficial, y no fue en los primeros meses, mis dedos pudieron, por fin, tocar esa pequeña maravilla de las técnicas de escritura más actualizadas.

No sé cómo lo percibirán los niños de ahora, pero, en aquellas épocas remotas, para la infancia que fuimos, nos parecía que el tiempo estaba hecho de una especie particular de horas, todas lentas, arrastradas, interminables. Tuvieron que pasar algunos años para que comenzásemos a comprender, ya sin remedio, que cada una tenía sólo sesenta minutos, y, más tarde aún, tendríamos la certeza de que todos ellos, sin excepción, acababan al final de sesenta segundos...

Del tiempo en que vivimos en la calle Sabino de Sousa, en el Alto do Pina, era la fotografía (desgraciadamente desaparecida) en que estaba con mi madre en la puerta de una tienda de comestibles, ella sentada en un banco, yo de pie, apoyado en sus rodillas, teniendo al lado un saco de patatas con un letrero de papel escrito a mano, como entonces y por muchos años siguió utilizándose en las tiendas de barrio, informando al cliente del precio del producto incluso antes de que entrara en la tienda: 50 céntimos el kilo. Por el aspecto, yo debía de tener unos tres años y ésa sería mi foto más antigua. De Francisco, aquel hermano que murió de bronconeumonía a los cuatro años de edad, en diciembre de 1924, conservo una foto de cuando aún era bebé. Algunas veces he pensado que podría decir que el retrato era mío y de esa manera enriquecer mi iconografía personal, pero nunca lo he hecho. Y sería la cosa más fácil del mundo, dado que, muertos mis padres, ya no queda nadie que pueda desmentirme, pero robarle la imagen a quien ya había perdido la vida me parece una imperdonable falta de respeto, una indignidad sin disculpa. Al César, pues, lo que es del César, a Francisco lo que sólo a Francisco puede pertenecerle.

Regreso a la familia de la aldea. Se decía que el abuelo Jerónimo había sido entregado en el torno de la Casa de la Misericordia de Santarém, y sobre eso no merece la pena dudar, porque la propia abuela Josefa me habló algunas veces del asunto, sin otros pormenores, que quizá ella no conociera o tal vez prefiriera callar. Sobre las circunstancias del nacimiento y vida de su hermana, la malquista tía abuela Beatriz, todavía supe menos. Mencionarla era como hablar de la cuerda en casa del ahorcado. La cuestión más intrigante de todas aparece en el certificado de nacimiento de mi madre, donde se declara que era nieta de abuelo desconocido y de Beatriz María. ¿Quién sería esa mujer? No tengo ni la más mínima idea, pero la coincidencia de nombre, si es que fuera necesario, sería un elemento más que confirmaría que la madre de Jerónimo también era la madre de la Beatriz que vivía en la casa de al lado. Un certificado de la tía abuela Beatriz, en caso de que lo hubiera, aclararía de una vez el caso. Pero hay todavía un aspecto extraño en toda esta historia: ¿por qué aparece como desconocido alguien que vivía en la aldea y tenía allí razones más que de sobra para ser conocido? Está claro que la madre de mi abuelo Jerónimo no quiso o no pudo quedarse con el hijo, y por eso lo mandó poner en el torno de los expósitos, pero sigo sin saber lo que pasó con la hija Beatriz. ¿También ella habría sido entregada a la beneficencia? Por lo visto, aquel famoso berebere (que seguramente sería moro), cuya fama de rompecorazones y arrancapinos, gracias a las confidencias de la abuela Josefa, todavía llegó a mis oídos, habría embarazado dos veces a la bisabuela Beatriz María, a no ser que, y esto lo simplificaría todo, pese a las evidentes diferencias entre ambos, alto él, bajita ella, los dos hermanos fueran gemelos. Lo que nunca engañó a nadie fue la apariencia, el aire de familia (tez morena, facciones picudas, ojos pequeños y estrechos) que reunía, en una especie de tribu reconocible a la legua, al abuelo Jerónimo y a la hermana, a mi madre y a todos sus hermanos: María Elvira, Carlos, Manuel, María de la Luz. La cepa masculina que los produjo no era de aquellos parajes ribatejanos. Al contrario de lo que alguien pueda haber pensado, el bisabuelo moro, de quien no parece haber quedado la menor señal escrita de su paso por Azinhaga, no fue una romántica invención mía para adornar el modestísimo árbol genealógico de la familia, y sí una confirmada realidad genética. Vivía fuera de la aldea, en una choza entre sauces, y tenía dos perros enormes que asustaban a los visitantes mirándolos en silencio, sin ladrar, y no dejaban de mirar hasta que ellos se retirasen. Uno de esos visitantes, me dijo la abuela Josefa, fue muerto y enterrado allí mismo. Había ido a pedirle explicaciones al moro por haber seducido (palabra fina) a la mujer y recibió una descarga en el pecho. No consta que el asesino hubiera sido juzgado por el crimen. ¿Quién fue este hombre?

Realidad también, y de las durísimas, fue aquel batacazo que me di en la avenida Casal Ribeiro, al lado de la calle Fernão Lopes, en días que deberían ser propicios tanto para la caridad humana como para la benevolencia celestial, pues eran las fiestas de San Antonio, defensor de las causas justas y protector por excelencia de los olvidados, dondequiera que se encuentren. A no ser (posibilidad que hay que considerar) que la brutal caída fuera consecuencia de una mezquina venganza del santo personaje cuando se dio cuenta de que el centimillo que estaba pidiendo a los transeúntes se destinaba a la compra de caramelos y consiguiente satisfacción del pecado de gula, y no al culto del altarcillo levantado en la entrada del portal del edificio, chafariz para las buenas almas, piadosas o laicas. El lamentable caso fue que iba yo, en competición con colegas de la vecindad, entonando la letanía de siempre: «Un centimillo para San Antonio, un centimillo para San Antonio», cuando veo pasar al otro lado de la avenida Casal Ribeiro a un señor de avanzada edad, trajeado de oscuro, con sombrero y bastón, como no era infrecuente encontrarse por las calles de Lisboa en aquellos primitivos tiempos. Verlo y echar a correr para anticiparme a la ofensiva de los competidores que andaban en la misma cosecha, fue cosa de un santiamén. La avenida estaba en obras, el pavimento había sido levantado (creo que andaban sustituyendo por alquitrán las viejas piedras irregulares de basalto), y lo que había en el suelo era una grava áspera capaz de desollar a un cocodrilo. Ahí tropecé, ahí caí, ahí me abrí una rodilla, y cuando por fin conseguí levantarme, ya con la sangre escurriendo pierna abajo, el señor de edad me miró, puso cara de fingida compasión y siguió su paseo, tal vez pensando en los nietos queridos, tan diferentes de estos mozalbetes de la calle sin educación. Llorando por los dolores de la rodilla, pero también debido a la humillación de haber caído a los pies de una persona que no hizo ni el más mínimo gesto de ayuda para que me pudiera levantar, me arrastré a duras penas hasta la casa, donde mi madre me curó con el inevitable yodo y una venda apretadísima que durante unos días me dejó incapacitado para doblar la rodilla. Es bastante posible, ahora que lo pienso, que el penoso suceso fuera la causa de que abandonara el camino de mi incipiente educación religiosa. Vivía en el mismo edificio, salvo error en el segundo piso del lado izquierdo, una familia muy católica (padre, madre, hijo e hija), y la señora de la casa convenció a la señora Piedad para que le permitiera iniciarme en los secretos de la Iglesia en general y de la eucaristía en particular. En suma, querían llevarme a misa. Mi madre dijo que sí señora, agradeció la atención que los amables y distinguidos vecinos le estaban prestando a su hijo, pero, conociéndola como después la conocí, escéptica por indiferencia, salvo en los últimos tiempos de su vida cuando, ya viuda, comenzó a frecuentar la iglesia con las amigas del barrio, supongo que el consentimiento fue otorgado con el mismo empeño con que me habría dejado ir a la playa con aquellos u otros vecinos. El problema que se me plantea y que tengo que resolver es si esto ocurrió antes o después de la caída. Fuese como fuese, pese a que me sentaron con ellos en el banco delantero, mi asistencia a la iglesia, una o dos veces, no prometía mucho. Cuando el monaguillo tocaba la campanilla y los fieles bajaban obedientes la cabeza, no pude resistirme a torcer ligeramente el cuello y acechar con disimulo para ver qué era lo que pasaba que no debía ser visto. Volviendo al problema, a la caída, si ésta ocurrió antes significa que cuando me llevaron a misa yo ya iba resabiado, decepcionado con un santo y dispuesto a creer que todos los demás eran iguales. Si sucedió después, entonces el porrazo se puede entender como un castigo por haber abandonado el recto camino que debería conducirme al paraíso, posibilidad esta en la que Dios se habría comportado vergonzosamente, como un intolerante de marca mayor que pagaba en plan bruto por una pequeña ofensa, sin tener en cuenta mis pocos años de aprendiz de pagano. Nunca lo sabré. No debo olvidar, sin embargo, que, por lo menos una vez, las potestades celestes velaron por mí y por dos compañeros también residentes en la calle Fernão Lopes. Había encontrado en casa, ya no recuerdo cómo, un cartucho de escopeta de caza que me llevé para enseñarlo a los amigos, y no sólo para mostrar, pues, temblando de excitación, como conspiradores, nos reunimos en una escalera próxima y lo abrimos para extraer lo que tenía dentro, la pólvora y los perdigones. Sentados en las escaleras de piedra de la entrada, rodeábamos el montoncito de pólvora para ver qué pasaría si le acercáramos una cerilla. La deflagración fue modesta, pero suficiente para que nos entrara un buen susto. Y si no nos quedamos con la cara o las manos quemadas fue ciertamente porque San Antonio, o uno de sus muchos colegas del empíreo, interpuso entre nosotros y la explosión su mano taumatúrgica y providencial. Si fue tal cual, mejor la herida de la rodilla.

Cuando se me ocurrió describir el episodio de la caída en la avenida Casal Ribeiro tenía en mente una fotografía en la que estoy con mi tía María Natalia, realizada por un fotógrafo callejero en el parque Eduardo VII, donde los domingos, infaliblemente, iban a pasear las criadas de servicio de todas las casas ricas y los reclutas de todos los cuarteles de Lisboa. En esa fotografía, que se perdió como tantas otras, vestía camisa y pantalón corto, con los calcetines negros subidos hasta la rodilla, sostenidos por un elástico blanco. Una regla fundamental del arte del buen vestir mandaba envolver la parte superior del calcetín en la liga, para que no se viera, pero, según podía observarse, yo todavía no había sido instruido en esos refinados pormenores de la vida social. Se notaba claramente la costra de una herida en la rodilla izquierda, pero ésta no era la de la avenida Casal Ribeiro. Sucedería unos años más tarde, en la cerca del Liceo Gil Vicente, y tuvo que ser tratada en un puesto médico. Me pusieron lo que entonces se llamaba una «laña», un pedacito de chapa metálica, más o menos en forma de pinza, que se clavaba en los bordes de la herida para unirlos y, por el contacto, acelerar la cicatrización. La marca se mantuvo visible durante muchos años, e incluso ahora todavía se pueden distinguir unos tenues vestigios. Otra cicatriz que conservo es la fina línea de un corte de navaja, de un día, allá en el Mouchão de Baixo, en que estaba tallando un barco en un trozo de corcho. Clavaba la punta de la hoja para retirar el corcho que iba sobrando cuando de repente, por debilitamiento del sistema, la navaja se cerró y el filo abrió camino en lo que encontró por delante, la parte exterior del dedo índice de la mano derecha, junto a la uña. Por poco no me rebané una rodaja de carne. Fui curado con uno de los remedios milagrosos de aquella época, alcohol con balsamina. La herida no se infectó y cicatrizó perfectamente. La tía María Elvira decía que yo era de buena carnadura.

En casa de los señores de Formigal (cuando se hablaba de ellos siempre se usaba el muy respetuoso señores) es donde estaba sirviendo mi tía María Natalia (tenían también una empleada externa, que era la que salía a la calle a hacer compras o para otros deberes en el exterior). Recuerdo que estaba yo una mañana (¿habría ido a recoger a la tía para el paseo dominical, semana sí, semana no?) en la cocina de la casa (porque nunca había visto nada igual me fascinaba la hornilla negra, sus puertas de diferentes tamaños con sus marcos de reluciente cobre, la caldera donde siempre había agua caliente) y aparece de pronto el viejo señor de Formigal, acompañado de la esposa, doña Albertina, igualmente avanzada en años, aunque muy bien parecida. La cocinera y las dos criadas, la interna y la externa, hicieron la reverencia y se alinearon a un lado, a la espera de órdenes, pero el señor de Formigal, que llevaba bigote y perilla, blanquísimos como el pelo, venía sólo a observar (por gentileza, no porque fuera médico o enfermero) la rodilla que me había descalabrado en la avenida Casal Ribeiro. Me miró con aire condescendiente, protector, y preguntó: «¿Así que te has herido la rótula?». Nunca olvidé esa frase. Lo que realmente tenía dañado no era la rótula, era la rodilla, sin embargo él debió de pensar que esta palabra era demasiado vulgar, indigna de su persona. Bajé los ojos hacia la maltratada articulación, y sólo fui capaz de decir: «Sí, señor». Me hizo una caricia en la cara y se marchó, llevando tras de sí a doña Albertina. La tía

María Natalia, hinchada de orgullo, la cocinera y la criada externa me miraban como si una aureola celestial rodease mi cabeza, como si en el insignificante sobrino de la interna hubiesen brotado de repente méritos y valores hasta ahí desconocidos, pero que la cuidada y blanca mano del señor de Formigal, al rozarme suavemente la cara y el pelo corto, habría hecho, por fin, florecer. Los señores de Formigal iban a salir, irían a misa, pero doña Albertina volvió a la cocina. Traía una bolsa de chocolatinas: «Toma, son para ti, que te hagan bien a la rodilla», dijo, y se fue, dejando un rastro de olor a polvos de tocador y la rótula en su lugar. No sé si fue esa vez cuando mi tía me llevó a ver el dormitorio de los señores, creo que no. Era pomposo, solemne, casi eclesiástico, todo adornado de terciopelos rojos, el dosel de la cama, la colcha, los cojines, las cortinas, las tapicerías de los sillones: «Es todo damasco del mejor, del más rico», me informó la tía, y cuando yo le pregunté por qué el sofá que había a los pies de la cama tenía forma de S, me respondió: «Eso es un confidente, el señor se sienta a un lado, la señora se sienta al otro, y así pueden hablar sin tener que volver la cabeza para mirarse, es muy práctico». Estando nosotros allí, me hubiera gustado comprobarlo, pero la tía María Natalia ni siquiera me dejó pasar del umbral de la puerta. Peor suerte corrimos después las chocolatinas y yo. Antes de salir de la casa de los señores de Formigal mastiqué unas cuantas que me dejaron en la boca un sabor anticipado del paraíso, aunque la tía María Natalia fue clara y terminante: «No comas más, que te pueden hacer daño», y yo, niño bueno como siempre, obedecí. Como no tengo recuerdos de andar paseando por el parque Eduardo VII con una bolsita de chocolatinas en la mano a las que para colmo tenía prohibido hincarles el diente, debimos de ir directamente a la calle Fernão Lopes, donde mi tía me dejó después de haber narrado, puedo imaginar con qué lujo de pormenores, el episodio de la cocina, los mimos hechos al sobrino, la caricia del señor de Formigal, y estas chocolatinas se las dio la señora, qué buena es la señora. La noche llegó y, como en aquel tiempo, sin radio para oír las cantigas de las revistas, todavía nos acostábamos a la hora de las gallinas, muy pronto mi madre me mandó a la cama. Mis padres y yo dormíamos en el mismo cuarto, ellos en su cama de matrimonio, yo en un pequeño diván, o peor dicho, en un catre, en la parte baja del techo abuhardillado. Al otro lado, sobre una silla pegada a la pared, se había quedado el deseado paquete con las chocolatinas. Cuando mi madre y mi padre se acostaron, primero él, como era habitual, después ella, que se quedaba lavando los platos o zurciendo algún calcetín, yo tenía los ojos cerrados, fingiendo que dormía. Se apagó la luz, entraron ellos en el sueño, pero yo no conseguía dormirme. Avanzada la noche, con la habitación a oscuras, me levanté despacio y pasito a pasito fui a por la bolsa y luego, con tres zancadas furtivas, regresé a la cama y me metí entre las sábanas, feliz, masticando las dulcísimas chocolatinas, hasta que fui resbalando hacia la inconsciencia. Cuando abrí los ojos por la mañana encontré, aplastado, debajo de mi pecho, lo que quedaba del ágape nocturno, una pasta marrón de chocolate, pegajosa y blanda, la cosa más sucia y repugnante que mis ojos habían visto hasta entonces. Lloré mucho, de pena, pero también de vergüenza y de frustración, y quizá sería por eso por lo que mis padres no me castigaron ni me reprendieron. Verdaderamente, para infortunio, ya estaba servido. Había cedido a la tentación de la gula y la gula me castigaba sin palo ni piedra.

De vez en cuando, los domingos por la tarde las mujeres iban a la Baixa para ver los escaparates. Por lo general iban a pie, alguna vez tomaban el tranvía, que era lo peor que me podía pasar en esa edad, porque no tardaba mucho en marearme con el olor de dentro, una atmósfera recalentada, casi fétida, que me revolvía el estómago y en pocos minutos me ponía a vomitar. En este particular fui una criatura delicada. Con el paso del tiempo esta intolerancia olfativa (no sé qué otro nombre podría darle) fue disminuyendo, pero lo cierto es que, durante años, bastaba con que entrara en un tranvía para sentir la cabeza dando vueltas. Fuese cual fuese el motivo, porque se apiadaron de mí o porque querían estirar las piernas, en aquel domingo bajamos a pie desde la calle Fernão Lopes mi madre, Concepción, creo que también Emídia y yo, por la avenida Fontes Pereira de Melo, luego la avenida de la Liberdade, y finalmente subimos al Chiado, que era donde se mostraban los tesoros más apreciados de Alí Babá. No me acuerdo de los escaparates, ni estoy aquí para hablar de ellos, asuntos más serios me ocupaban en esos momentos. Junto a una de las puertas de los Almacenes Grandella un hombre vendía globos, y ya fuera porque lo había pedido (lo que dudo mucho, porque sólo quien espera que se le dé se arriesga a pedir), o quizá porque mi madre hubiera querido, cosa excepcional, hacerme un cariño público, uno de aquellos globos pasó a mis manos. No me acuerdo si era verde o rojo, amarillo o azul, o simplemente blanco. Lo que después pasó borraría de mi memoria el color que debería habérseme quedado pegado a los ojos para siempre, dado que era nada más y nada menos que el primer globo que tenía en todos los seis o siete años que contaba de vida. Íbamos al Rossio, ya de regreso a casa, yo orgulloso como si condujera por los aires, atado con un cordel, el mundo entero, cuando de repente oí que alguien se reía a mis espaldas. Miré y vi. El globo se había vaciado, iba arrastrándolo por el suelo sin darme cuenta, era una cosa sucia, arrugada, informe, y los dos hombres que venían detrás se reían y me señalaban con el dedo, a mí, en esa ocasión el más ridículo de los especímenes humanos. Ni siquiera lloré. Solté la cuerda, agarré a mi madre por el brazo como si fuese una tabla de salvación y seguí andando. Aquella cosa sucia, arrugada e informe era realmente el mundo.

Un día, aproximadamente por esta época, fui de excursión a Mafra. Había nacido en Azinhaga, vivía en Lisboa, y ahora, quién sabe si por un cómplice gesto de los hados, un guiño de ojos que entonces nadie podría descifrar, me llevaron a conocer el lugar donde, más de cincuenta años después, se decidiría, de manera definitiva, mi futuro como escritor. No recuerdo que los Barata hubieran venido con nosotros. Incluso tengo la idea de que nos llevó en coche un conocido cualquiera de mi padre que, por lo que sé, no dejó otra señal de su paso por nuestras vidas. De ese breve viaje (no entramos en el convento, apenas visitamos la basílica) la memoria más viva que guardo es la de una estatua de San Bartolomé colocada, y ahí continúa, en la segunda capilla del lado izquierdo de quien entra, al que llaman, creo, en lenguaje litúrgico, el lado del Evangelio. Andando yo, por mi poca edad, tan falto de información sobre el mundo de las estatuas, y siendo la luz que había en la capilla tan escasa, lo más probable es que no me hubiera dado cuenta de que el desgraciado Bartolomé estaba desollado, a no ser por la charla del guía y la elocuencia complaciente de su gesto al apuntar los pliegues de piel flácida (aunque de mármol) que el pobre martirizado sostenía en sus manos. Un horror. En *Memorial del convento* no se habla de San Bartolomé, pero es bastante posible que el recuerdo de aquel angustioso instante estuviera al acecho en mi cabeza cuando, hacia 1980 o 1981, contemplando una vez más la pesada mole del palacio y las torres de la basílica, les dije a las personas que me acompañaban: «Un día me gustaría meter esto dentro de una novela». No lo juro, digo sólo que es posible.

Debo de haber hecho algunos viajes en el regazo de mi madre entre los dos y los cuatro o cinco años. No hubiera sido lógico que mi padre, antes vulgar labrador de azada al hombro y ahora servidor público, agente de policía de fresca data con una cesta llena de novedades de la capital para contar, se quedase en Lisboa durante sus periodos anuales de licencia, cuando lo que le daba prestigio era lucirse ante los antiguos compañeros de trabajo, hablando fino, por lo menos apurando lo mejor que podía la dicción para no parecer demasiado provinciano, y, en la intimidad de la taberna, entre dos copas, regalarles con historias de mujeres, alguna prostituta que pagaba con el cuerpo cierta protección policial, pero eso nunca lo confesaría, o incluso alguna vendedora fácil del mercado de la Plaza da Figueira. Muchos años después, mi abuela me contó que, cuando me entregaban a sus cuidados, ella me sentaba en la habitación de fuera, sobre una manta extendida en el suelo, desde donde, de tarde en tarde, le llegaba mi voz: «Abuela, abuela». «¿Qué quieres tú, hijo mío?», preguntaba ella. Y yo respondía, lacrimoso, chupándome el dedo pulgar de la mano derecha (¿sería de la mano derecha?): «Yo quiero caca». Cuando ella acudía a la petición de socorro era demasiado tarde. «Ya te habías ensuciado encima», decía mi abuela, riendo. De modo que, habiendo partido para Lisboa mi madre, Francisco y yo en la primavera de 1924, cuando no contaba de vida nada más que año y medio, mi desarrollo comunicativo no podría valer gran cosa. Es de suponer, por tanto, que los escatológicos episodios que acabo de mencionar sucederían después, en aquellas idas a Azinhaga para pasar periodos de vacaciones, cuando mi madre, dejándome entregado a la abuela Josefa, iba a matar nostalgias con las amigas de juventud, a quienes daría parte de sus propias experiencias de la civilización, incluyendo, si el orgullo y la vergüenza no le trababan la lengua, los malos tratos frecuentes de un marido que había perdido el norte con las alegrías eróticas de la metrópolis lisboeta. Supongo que por haber sido atónito y asustado testigo de algunas de esas deplorables escenas domésticas jamás he levantado la mano contra ninguna mujer. Me sirvió de vacuna.

Era el tiempo en que las mujeres acudían a la echadora de cartas cuando las cosas marchaban mal en casa. Recuerdo, todavía en la calle Fernão Lopes, las letanías y los sahumerios que mi madre hacía en la habitación, lanzando sobre las brasas del hornillo unas pequeñas simientes oscuras, redondas, al mismo tiempo que iba pronunciando un conjuro que comenzaba de esta manera: «Cocas, cocas mías, así como...». Del resto de la cantinela no me acuerdo, pero sí del olor de aquellos granos, tan intenso que ahora mismo lo estoy sintiendo en la nariz. Desprendían un humillo de un olor enfermizo, al mismo tiempo dulzón y nauseabundo, que atontaba. Nunca llegué a saber qué «cocas» eran aquéllas, sería algo oriental. Supongo que, por culpa de este recuerdo, no soporto las purificaciones a base de palitos orientales con los que hoy suelen apestarnos algunas casas, creyendo que así las espiritualizan...

Un día, en un melonar cerca del Mouchão de Baixo, la tía María Elvira, José Dinís y yo, no recuerdo ya por qué razón, aunque estoy seguro de que no se trataba de una mera casualidad, nos encontramos con Alice y sus padres, y a mi despechado primo, viendo que la joven me estaba prodigando más atenciones que a él, le entró, como era de esperar, un tal arrebato de celos que me tiró la tajada de melón que se estaba comiendo. Me apuntó a la cara, pero falló, sólo alcanzó a la camisa. Como ya he dicho, andábamos a la gresca, por todo y por nada, continuamente, como perro y gato. Pero ahora es de Alice de quien se trata, ha llegado el momento de hablar de ella con más precisión de lo que lo he hecho hasta ahora. Tiempo después de este incidente (creo que fue en el verano siguiente), fuimos los tres al Vale de Cavalos, donde su familia se había mudado (antes vivían en Alpiarça), y hasta estuvimos, si la memoria no me engaña demasiado, en su casa. (No tengo la certeza absoluta de que las cosas pasaran de esta manera, pero, sea como sea, una ocasión hubo, y quizá fuera ésta, en que aprendí el camino para, cortando a través de los campos por caminos y desvíos, llegar del Mouchão de Baixo al Vale de Cavalos.) Ahora bien, ocurrió que una o dos semanas después hubo fiestas en ese lugar, y yo decidí que tenía que ver a Alice costara lo que costara. Tendría alrededor de los quince años, era ya el verano en que estaba cerca de cumplir los dieciséis. Dejé en las primeras páginas de este libro constancia de algunos episodios de la sentimental aventura, como la travesía por el Tajo, la barca de Gabriel anclada a la orilla y raspando con el fondo las piedras menudas del suelo, la media luz crepuscular, la gran caminata, de ida y de vuelta. No los repetiré, por tanto, ahora debo tener el valor de volver la medalla y enseñar el otro lado. Había baile en la plaza, la banda filarmónica de la tierra tocaba con el entusiasmo propio de la ocasión. Conversé con Alice, que me recibió bien, pero sin demasías, bailé con ella (si a aquello se le podía llamar bailar, me guiaba ella más a mí que yo a ella, y tengo la sospecha —por no darle el nombre de certidumbre— de que, en determinado momento, le hizo un gesto resignado a una amiga que bailaba cerca). Por fin, ya tarde (hoy sé que fue ese gesto el que me hizo renunciar a Alice para siempre), me despedí vencido. Todavía hoy me pregunto cómo conseguí no perderme en la noche llena de rumores y de sombras, cuando todavía no hacía muchos años que temblaba de miedo en la oscuridad y los monstruos que ella genera. La tosca cabaña de madera con el techo de paja en la que exhausto, con las piernas hinchadas, me refugié al final de la caminata, era, sólo después lo supe, donde el tío Francisco Dinís solía descansar en los intervalos de sus recorridos nocturnos por la finca. Hambriento, busqué dentro, palpando, algo pa-

ra comer y sólo encontré aquel ya mencionado trozo de pan de maíz, con moho, como tuve
ocasión de comprobar cuando por la mañana
me comí el resto que había sobrado. El catre no
tenía colchón, pero las camadas de hojas en
que extendí mi fatigado esqueleto olían bien.
Dormí lo poco que le quedaba a la madrugada
y por la mañana apareció mi tío. Oí ladrar al
perro que siempre le acompañaba —*Piloto* se
llamaba— y salí de la cabaña espabilándome,
deslumbrado por la luz. Cuando llegué al Mouchão de Baixo les conté mis aventuras a la tía
María Elvira y a José Dinís, que me oyó con
desesperación, puesto que tuve el cuidado de
omitir cualquier pormenor que delatara la humillación de mi fracaso sentimental. Alice quiso que la sacara a bailar, y yo no sabía. Más
suerte tuvo el sastre. Faltaría saber, aunque nunca se sabrá, si ella también la tuvo.

Nunca fui gran pescador. Usaba, como
cualquier otro muchacho de la misma edad y
tan modestas posesiones como eran las mías,
una caña vulgar con el anzuelo, el plomo y la
boya de corcho o mosca atados al hilo de pescar, nada que se pareciera a los artefactos modernos que habrían de aparecer por allí más
tarde y que alcancé a ver en las manos de algu-

nos aficionados locales cuando ya era mayorcito y había abandonado las ilusiones piscatorias. Como consecuencia de lo dicho, mis capturas siempre se reducían a unas cuantas carpas, pequeños y escasos barbos, y muchas horas pasadas en vano (en vano, hablando bien, ninguna, porque sin darme cuenta iba «pescando» cosas que en el futuro no iban a ser menos importantes para mí: imágenes, olores, sonidos, brisas, sensaciones). Al sol, si no castigaba demasiado, o a la sombra de algún sauce llorón, esperando que algún pez picara. Por lo general, sentado a la vera del agua, operaba en el «río de mi aldea», el Almonda, al fin de la tarde, porque con los grandes calores ya se sabía que los peces se metían entre las piedras y no venían al anzuelo. Otras veces a un lado y a otro de la desembocadura de nuestro río, y en algunas señaladas ocasiones remando hacia más lejos, atravesaba el Tajo hacia la parte sur y ahí me dejaba estar, abrigado por bancos de arena como si estuviera bajo un dosel, que era como más me gustaba. Los pescadores eméritos de la tierra presumían de tener sus propios métodos, sus estrategias y sus artes mágicas, que generalmente duraban una temporada para dar paso a otros métodos, otras estrategias, otras mágicas artes siempre más eficaces que las anteriores.

Nunca llegué a beneficiarme de ninguna de ellas. La última de la que tengo memoria fue un famoso polvo de rosal (la duda que entonces tenía, y hasta hoy dura, era saber qué parte del rosal sería la que los entendidos pulverizaban: quiero creer que fuese la flor), gracias al cual, previamente lanzado al agua como una especie de señuelo poético, los peces caían, perdónaseme la incorrecta comparación, como tordos. El pobre de mí jamás pudo tocar con sus indignos dedos aquel oro en polvo. Y ésa sería, seguramente, la causa del desaire que sufrí ante el mayor (aunque para siempre jamás invisible) barbo de la historia piscícola del Tajo. Contaré con palabras simples el lamentable incidente. Había salido con mis pertrechos a pescar en la desembocadura del Almonda, lo que llamábamos la «boca del río», donde por una estrecha lengua de arena se pasaba en esa época al Tajo, y allí estaba, ya el día hacía sus despedidas, sin que la boya de corcho hubiera dado ninguna señal de movimiento subacuático, cuando, de repente, sin haber pasado antes por ese temblor excitante que anuncia los tientos del pez mordiendo el anzuelo, se sumergió de golpe en las profundidades, casi arrancándome la caña de las manos. Tiré, fui tirando, pero la lucha no duró mucho. El hilo estaba mal atado, o podrido, con un tirón violento el pez se lo llevó todo, anzuelo, boya y plomada. Imagínense ahora mi desesperación. Allí, a la vera del río donde el malvado debía de estar escondido, mirando el agua nuevamente tranquila, con la caña inútil y ridícula en las manos y sin saber qué hacer. Fue entonces cuando se me ocurrió la idea más absurda de toda mi vida: correr a casa, armar otra vez la caña de pescar y regresar para ajustar cuentas definitivas con el monstruo. Pues bien, la casa de mis abuelos estaba a más de un kilómetro del lugar donde me encontraba, y era necesario ser tonto del todo (o ingenuo, simplemente) para tener la disparatada esperanza de que el barbo iba a estar allí esperándome, entreteniéndose en digerir no sólo el cebo sino también el anzuelo y el plomo, y ya de paso la boya, mientras la nueva pitanza no llegaba. Pues a pesar de eso, contra toda razón y sentido común, salí disparado por la orilla del río, luego campo adentro, atravesando olivares y rastrojos para atajar camino, hasta irrumpir jadeante en la casa, donde le conté a mi abuela lo que había sucedido mientras iba preparando la caña, y ella me preguntó si yo creía que el pez iba a estar todavía allí, pero yo no la oí, no la quería oír, no la podía oír. Regresé al lugar, el sol ya se había puesto, lancé el anzuelo y esperé. No creo que exista en el mundo un silencio más profundo que el silencio del agua. Lo sentí en aquella hora y nunca lo he olvidado. Allí estuve hasta no distinguir la boya que sólo la corriente hacía oscilar un poco, y, por fin, con la tristeza clavada en el alma, enrollé el hilo y regresé a casa. Aquel barbo había vivido mucho, debía de ser, por la fuerza que demostró, una bestia corpulenta, pero seguro que no moriría de viejo, alguien lo pescaría cualquier otro día. De alguna manera, con mi anzuelo enganchado en las agallas, tenía mi marca, era mío.

Un día, estaba yo pescando en el estuario del Tajo, por una vez en paz y buena armonía con José Dinís (tengo dudas de que fuera realmente en el estuario, ya que no habíamos andado tanto, ni en la dirección apropiada, para que pudiéramos habernos aproximado al río: lo más seguro es que se tratara de algún charco lo bastante profundo como para que no llegaran a secarlo los calores del verano y adonde, arrastradas por las crecidas, habrían acabado desaguando algunas colonias de peces), y ya habíamos pescado dos raquíticos especímenes, cuando aparecieron dos mozalbetes más o menos de nuestra edad, que serían del Mouchão de Cima y que por eso no los conocíamos (ni era recomendable que los conociéramos), a pesar de vivir a la distancia de un tiro de piedra. Se sentaron detrás de nosotros y comenzó la charla habitual: «Qué, ¿pican o no pican?», y nosotros que así, así, en absoluto dispuestos a darles confianza. En todo caso, para que no se rieran de nosotros, dijimos que habíamos sacado dos piezas que ya estaban en la caldera. Lo que se llamaba caldera era un recipiente de lata, cilíndrico, con una tapa ajustable y un alambre en arco que servía para colgarlo del brazo. Estas especies de fiambreras, en general suspendidas de un palo al hombro, era donde los trabajadores se llevaban la comida al campo, un gazpacho de tomate, en su estación, una sopa de judías, lo que hubiera, de acuerdo con las posibilidades de cada uno. Después de haber dejado claro que no éramos tan torpes como podíamos haber parecido, devolvimos nuestra atención hacia las boyas inmovilizadas en la dureza plúmbea de la superficie del agua. Gran silencio se hizo, el tiempo pasó, a las tantas uno de los dos miró atrás y los tipos ya no estaban. Tuvimos una corazonada y fuimos a abrir la caldera. En lugar de los pescados había dos astillas flotando en el agua. Cómo consiguieron los facinerosos, sin el menor ruido, retirar la tapadera, sacar los peces y tirarlos, es lo que hasta hoy no he conseguido entender. Cuando llegamos a casa y contamos lo que nos había pasado, la tía María Elvira y el tío Francisco se hartaron de reír a nuestra costa. No podíamos quejarnos, era lo que nos merecíamos.

Manda la verdad que se diga que mis talentos de cazador estaban todavía por debajo de las habilidades de pescador. Pardal cazado por tirachinas mío hubo uno, pero con tan poca convicción lo maté y en tan tristes circunstancias que un día no me resistí a contar, en una crónica de desahogo y arrepentimiento, el nefando crimen. Sin embargo, si siempre me falló la puntería para las avecillas del cielo, no sucedía lo mismo con las ranas del Almonda, diezmadas por un tirachinas que tenía tanto de certero como de despiadado. Verdaderamente, la crueldad infantil no tiene límites (ésa es la razón profunda de que tampoco tenga límites la de los adultos): ¿qué mal podían hacerme los inocentes batracios, bien sentaditos tomando el sol en los limos fluctuantes, gozando al mismo tiempo del calorcillo que les venía de arriba y de la frescura que llegaba desde abajo? La piedra, zumbando, las alcanzaba de lleno, y las infelices ranas daban la última voltereta de su vida y ahí se quedaban, patas arriba. Caritativo como no había sido el autor de aquellas muertes, el río les lavaba la escasa sangre que vertían, mientras que yo, triunfante, sin conciencia de mi estupidez, agua abajo, agua arriba, buscaba nuevas víctimas.

Es curioso que nunca haya oído hablar de la «costurera» en otros lugares y a otra gente. Precoz racionalista, como ya había demostrado ser en aquellas tiernas edades (baste recordar el herético episodio de la misa, cuando, al tintinear de la campanilla, levantaba de soslayo la cabeza para ver lo que no querían que viera), pensé, y creo recordar que llegué a sugerírselo a mi madre, que sólo podía tratarse de un «bicho de la madera», o de algún animalejo similar, idea totalmente fuera de propósito porque no era posible que vivieran los «bichos de la madera» (las viejas carcomas de siempre) en el interior de las bastas argamasas de aquel tiempo, duras de roer, aunque no tanto como los cimientos de hormigón modernos. ¿De qué se trataba entonces? En determinado momento, en el silencio de la casa, mi madre decía como si se tratara de la cosa más natural del mundo: «Ya está otra vez la costurera». Yo aproximaba el oído al sitio de la pared que ella había señalado, y ahí oía, juro que lo oía, el ruido inconfundible de una máquina de coser, de las de pedal (no existían otras), y también, de vez en cuando, otro sonido característico, arrastrado, el de ir frenando, cuando la costurera pone la mano derecha en la rueda para detener los movimientos de la aguja. Los oí en Lisboa, pero también en Azinhaga, en casa de los abuelos, la abuela Josefa que le decía a la tía María Elvira: «Ahí está la costurera, ya está ella otra vez». Los ruidos que salían de la blancura inocente de la pared callada eran los mismos. La explicación que entonces se me dio, fabulosa, como no podría dejar de serlo, era que aquello que oíamos, claramente oído, era la consecuencia del triste destino de una costurera impía que había trabajado en un domingo y que, por esa grave falta, fue condenada (sobre la identidad del juez no quedó nada registrado) a coser ropa a máquina durante toda la eternidad dentro de las paredes de las casas. Esta manía de castigar sin dolor ni piedad a cualquier cristiano que necesitara trabajar en domingo, así me lo contaron también, se había cobrado otra víctima en el pasado remoto, el hombre de la luna, ese que transporta, como tan nítidamente se comprueba desde aquí abajo, un haz de leña a la espalda, y que fue colocado allí, cargando el eterno peso, para servir de escarmiento a los

era pequeña, sólo nos podíamos acoger en ella dos personas, generalmente mi abuelo y yo. Como siempre, en el invierno, cuando el frío helaba el agua durante la noche dentro de los cántaros y por la mañana teníamos que partir con un palo la capa de hielo que se había formado dentro, nos asábamos por delante y tiritábamos por detrás. Cuando el frío apretaba en serio, estar en casa o estar fuera no suponía gran diferencia. La puerta de la cocina que daba al huerto era viejísima y más cancela que puerta, con fisuras por donde cabía mi mano, pero lo más extraordinario es que durante años y años así permaneció. Era como si ya fuera vieja cuando la colocaron en los goznes. Sólo más tarde, con mi abuelo Jerónimo ya fallecido (se fue de este mundo en 1948), llegó a beneficiarse de algunas reparaciones, por no decir simples remiendos. Pese a todo, creo que no la sustituyeron nunca. Fue en esa casa, humilde como la que más, donde se acogieron mis abuelos después de casados, ella, según era voz pública en aquel tiempo, la mocita más guapa de Azinhaga, él, el abandonado en el torno de la Misericordia de Santarém y a quien llamaban «palo-negro» por su tez morena. Allí vivieron siempre. Me contó la abuela que la primera noche de casados la pasó el abuelo Jerónimo sentado a la puerta de casa, al relente, con un palo sobre las rodillas, a la espera de los celosos rivales que habían jurado ir y apedrearles el tejado. Al final no apareció nadie y la luna viajó (permítaseme que lo imagine así) toda la noche por el cielo, mientras mi abuela, acostada en la cama, con los ojos abiertos, esperaba a su marido. Y era ya madrugada clara cuando se abrazaron el uno al otro.

Es tiempo de hablar de la célebre novela *Maria, a fada dos bosques,* que tantas lágrimas les hizo derramar a las familias de los barrios populares lisboetas de los años veinte. Publicada, si no me equivoco, por las Ediciones Romano Torres, era distribuida en fascículos o cuadernos semanales de dieciséis páginas, entregadas en determinadas fechas en las casas de los suscriptores. También la recibíamos en el último piso de la calle de los Cavaleiros 57, pero, en esa época, salvo las pocas luces que me habían quedado de trazar letras en la pizarra, insuficientes a todo título, mi iniciación en el delicado arte de descifrar jeroglíficos todavía no había principiado. Quien se encargaba de leerlos, en voz alta, para edificación de mi madre y mía, ambos analfabetos, yo que lo seguiría siendo todavía algún tiempo, ella durante toda su vida, era la madre de Félix, cuyo nombre, por más que escudriño en la memoria, no consigo recordar. Nos sentábamos los tres en los inevitables bancos bajos, la lectora y los oyentes, y nos dejábamos llevar en las alas de las palabras hasta aquel mundo tan diferente al nuestro. Recuerdo que entre las mil desgracias que a lo largo de las semanas venían cayendo, implacables, sobre la cabeza de la infeliz María, víctima del odio y de la envidia de una rival poderosa y malvada, hubo un episodio que para siempre se me quedó grabado. En el transcurso de diversas peripecias que con el tiempo se me han desvanecido, aunque, en cualquier caso, no interesaría desmenuzar aquí, María había sido encarcelada en los lóbregos subterráneos del castillo de su mortal enemiga, y ésta, como si todavía necesitara confirmar lo que los estimados lectores, por los antecedentes, ya conocían de sobra, o sea, el pésimo carácter con que había sido dotada al nacer, se aprovechó de que la pobre doncella era lo que se dice una prenda en las artes del bordado y otras femeninas labores, y le ordenó, bajo amenaza de los peores castigos conocidos y por conocer, que trabajara para ella. Como se ve, aparte de malvada, explotadora. Ora bien, entre las hermosas piezas que María había bordado durante el tiempo de su reclusión se encontraba un magnífico *déshabi-llé* que la castellana decidió reservar para su propio uso. Entonces, por una de esas coincidencias extraordinarias que sólo en las novelas suceden y sin cuya participación nadie se tomaría el trabajo de escribirlas, el garboso caballero que quería a María y que por ella era tiernamente correspondido fue de visita al tal castillo, sin que le pudiera pasar por la cabeza que su amada se encontraba allí prisionera y agujereándose los dedos bordando en una mazmorra. La castellana, que desde hacía mucho tiempo le tenía el ojo echado, razón de la terrible rivalidad de la que más arriba quedó hecha sucinta referencia, decidió que tenía que seducirlo en esa misma noche. Y, como lo pensó, lo hizo. A altas horas de la madrugada se introdujo subrepticiamente en el dormitorio del huésped con el tal *déshabillé* puesto, provocativa y perfumada, capaz de hacer perder la cabeza a todos los santos de la corte del cielo, cuanto más a un caballero pujante de energía, en la fuerza de la vida, por muy enamorado que estuviera de la purísima y sufridora María. De hecho, en los brazos de aquella inmoral criatura que se le había metido en la cama, ya sobre los redondos y embriagadores senos que, sin margen de duda razonable, se revelaban a través de los encajes, a punto de dejarse caer, rendido, en el seductor abismo, he aquí que de repente, y mientras la pérfida comenzaba a cantar victoria, el caballero retrocedió como si le hubiera picado el áspid que se escondía en el canal de los senos de Cleopatra, y, poniendo la mano temblorosa en los bordados, que arrancó, llamó a gritos: «¡María! ¡María!». ¿Qué había pasado? Supongo que costará ser creído, pero así estaba escrito. María, en su cárcel, como el náufrago que lanza una botella al agua esperando que el mensaje llegue a ser recogido por alguna mano salvadora, había bordado en el *déshabillé* una petición de socorro con su nombre y el lugar donde estaba prisionera. Salvado de la ignominia en el último instante, el caballero repelió con violencia a la lúbrica señora y salió corriendo a rescatar del cautiverio a su virginal y adorada María. Debió de ser más o menos en esos días cuando nos mudamos a la calle Fernão Lopes, por eso aquella *Fada dos bosques* terminó por ahí, puesto que la suscripción era de la madre de Félix. Nosotros sólo nos beneficiábamos de la lectura semanal gratis, y no era poca cosa, sobre todo para mí, que el recuerdo de tan dramático y perturbador episodio, pese a la poca edad que tenía entonces, nunca más se me borraría de la memoria.

115

Aprendí a leer con rapidez. Gracias a los cuidados de la instrucción que había comenzado a recibir en la primera escuela, la de la calle Martens Ferrão, de la que apenas soy capaz de recordar la entrada y la escalera siempre oscura, pasé, casi sin transición, a frecuentar de forma regular los niveles superiores de la lengua portuguesa en las páginas de un periódico, el *Diário de Notícias,* que mi padre traía todos los días a casa y que supongo que se lo regalaba algún amigo, un repartidor de periódicos de los de buena venta, tal vez el dueño de un estanco. Comprar, no creo que lo comprara, por la pertinente razón de que no nos sobraba el dinero para gastarlo en semejantes lujos. Para dejar una idea clara de la situación, baste decir que durante años, con absoluta regularidad estacional, mi madre llevaba las mantas a la casa de empeños cuando el invierno terminaba, para sólo rescatarlas, ahorrando centavo a centavo y así poder pagar los intereses todos los meses y el levantamiento final, cuando los primeros fríos comenzaban a apretar. Obviamente, no podía leer de corrido el ya entonces histórico matutino, pero una cosa tenía clara: las noticias del diario estaban escritas con los mismos caracteres (letras los llamábamos, no caracteres)

116

cuyos nombres, funciones y mutuas relaciones estaba aprendiendo en la escuela. De modo que, apenas supe deletrear, ya leía, aunque sin entender lo que estaba leyendo. Identificar en la lectura del periódico una palabra que conociera era como encontrar una señal en la carretera diciéndome que iba bien, que seguía la buena dirección. Y así, de esta manera tan poco corriente, *Diário* tras *Diário,* mes tras mes, haciendo como que no oía las bromas de los adultos de la casa, que se divertían a mi costa viéndome mirar un periódico como si fuera un muro, llegó mi media hora de dejarlos sin habla, cuando, un día, de un tirón, leí en voz alta, sin titubear, nervioso pero triunfante, unas cuantas líneas seguidas. No entendía todo lo que decía, pero eso no importaba. Además de mi padre y de mi madre, los dichos adultos antes escépticos, ahora rendidos, eran los Barata. Pues bien, sucedió que en esa casa, donde no había libros, un libro había, uno solo, grueso, encuadernado, salvo error, en azul celeste, que se llamaba *A Toutinegra do Moinho,* y cuyo autor, si la memoria todavía acierta, era Émile Richebourg, de cuyo nombre las historias de la literatura francesa, incluso las más minuciosas, no creo que hagan gran caso, si es que alguno le hicieron, pero habilísima persona en el arte de explorar con la palabra los corazones sensibles y los sentimentalismos más arrebatados. La dueña de esta joya literaria absoluta, por todos los indicios también resultante de previa publicación en fascículos, era Concepción Barata, que lo guardaba como un tesoro en una gaveta de la cómoda, envuelto en papel de seda, con olor a naftalina. Esta novela acabaría convirtiéndose en mi primera gran experiencia de lector. Todavía me encontraba muy lejos de la biblioteca del Palacio de las Galveias, pero el primer paso para llegar ya estaba dado. Y gracias a que nuestra familia y la de los Barata vivieron juntas durante un buen puñado de años, tuve tiempo más que de sobra para llevar la lectura hasta el final y regresar al principio. Sin embargo, contrariamente a lo que me sucedió con *Maria, a fada dos bosques,* no consigo, por más que lo he intentado, recordar un solo pasaje del libro. A Émile Richebourg no le gustaría esta falta de consideración, él que pensaba haber escrito su *Toutinegra* con tinta imborrable. Pero las cosas no se quedaron ahí. Años después llegaría a descubrir, con la mayor de las sorpresas, que también había leído a Molière en el sexto piso de la calle Fernão Lopes. Un día, mi padre apareció en casa con un libro (no soy capaz de imaginar cómo lo habría obtenido) que era nada más y nada menos que una guía de conversación de portugués-francés, con las páginas divididas en tres columnas, la primera, a la izquierda, en portugués, la segunda, central, en lengua francesa, y la tercera, al lado de ésta, reproducía la pronunciación de las palabras de la segunda columna. De entre las distintas situaciones con que podía tropezarse un portugués que tuviera que comunicarse en francés con la ayuda de la guía de conversación (en una estación de trenes, en una recepción de un hotel, en una agencia de alquiler de coches, en un puerto marítimo, en un sastre, comprando entradas para el teatro, probándose un traje en el sastre, etcétera), aparecía inopinadamente un diálogo entre dos personas, dos hombres, siendo uno de ellos algo así como el maestro y el otro una especie de alumno. Lo leí muchas veces porque me divertía la estupefacción del hombre que no podía creerse lo que el profesor le explicaba, que él hablaba en prosa desde que nació. Yo no sabía nada de Molière (¿y cómo podría saberlo?), pero tuve acceso a su mundo, entrando por la puerta grande, cuando aún no había pasado de la a-e-i-o-u. Sin duda alguna, era un niño con suerte.

El director de la escuela del Largo do Leão, adonde me llevaron después de hacer el primer grado en la calle Martens Ferrão, y cuyo nombre propio no consigo recordar, tenía el raro apellido de Vairinho (hoy no se encuentra ningún Vairinho en la guía de teléfonos de Lisboa) y era un hombre alto y delgado, de rostro severo, que disimulaba la calvicie llevándose el pelo de uno de los lados hasta el otro y manteniéndolo con fijador, tal como hacía mi padre, aunque yo deba confesar que el peinado del maestro me parecía mucho más presentable que el de mi progenitor. A mí, ya en aquella tierna edad se me antojaba un tanto caricato (perdóneseme la falta de respeto) el aspecto de mi padre, sobre todo cuando lo veía al levantarse de la cama, con aquellas greñas caídas en su lado natural y la piel blanca del cráneo de una palidez blanda, puesto que, siendo él policía, tenía que andar la mayor parte del tiempo con la gorra del uniforme puesta. Cuando fui a la escuela del Largo do Leão, la profesora de segundo grado, que ignoraba hasta dónde el recién llegado habría accedido en el provecho de las materias dadas y sin ningún motivo para esperar de mi persona cualquier reseñable sabiduría (hay que reconocer que no tenía obligación de pensar otra cosa), mandó que me sentara entre los más atrasados, los cuales, en virtud de la disposición del aula, estaban en una especie de limbo, a la derecha de la profesora y enfrente de los más adelantados, que debían servirles de ejemplo. Más tarde, a los pocos días de que empezaran las clases, la profesora, a fin de averiguar cómo estábamos de familiarizados con las ciencias ortográficas, nos hizo un dictado. Entonces yo tenía una caligrafía redonda y equilibrada, firme, buena para la edad. Pues bien, ocurrió que el Zezito (no tengo la culpa del diminutivo, así era como me llamaba la familia, mucho peor hubiera sido que mi nombre fuera Manuel y me dijeran Nelinho...) tuvo sólo una falta de ortografía en el dictado, e incluso ésa no lo era del todo, si consideramos que las letras de la palabra estaban allí todas, aunque cambiadas dos de ellas: en vez de «clase» había puesto «calse». Exceso de concentración, tal vez. Y fue aquí, ahora que lo pienso, donde comenzó la historia de mi vida. (En las aulas de esta escuela, y probablemente en todas las del país, los pupitres dobles en los que entonces nos sentábamos eran exactamente iguales a los que, cincuenta años después, en 1980, encontré en la escuela de la aldea de Cidadelhe, en la comarca de Pinhel, cuando iba conociendo gentes y tierras para meterlas en *Viaje a Portugal*. Confieso que no pude disimular la conmoción cuando pensé que quizá me hubiera sentado en uno de ellos en los primeros tiempos. Más decrépitos, manchados y rayados por el uso y la falta de cuidados, era como si los hubieran transportado desde el Largo do Leão y de 1929 hasta allí.) Retomemos el hilo del relato. El mejor alumno de la clase ocupaba un pupitre justo al lado de la puerta de entrada y allí desempeñaba la honrosísima función de portero del aula, ya que era a él a quien le competía abrir la puerta cuando alguien llamaba desde la parte de fuera. Pues bien, la profesora, sorprendida por el talento ortográfico de un niño que acababa de llegar de otra escuela, o sea, sospechoso por definición de ser mal estudiante, me mandó sentarme en el lugar del primero de la clase, de donde, claro está, no tuvo otro remedio que levantarse el monarca destronado que ahí se encontraba. Me veo, como si ahora mismo estuviera sucediendo, recogiendo mis cosas apresuradamente, atravesando la clase en sentido longitudinal ante la mirada perpleja de los compañeros (¿admirativa?, ¿envidiosa?), y, con el corazón en desorden, sentándome en mi nuevo lugar. Cuando el PEN Club me otorgó su premio por la novela *Levantado del suelo*, conté esta historia para asegurarles a los asistentes que ningún momento de gloria presente o futura podría, ni en sombras, comparársele a aquél. Hoy, sin embargo, no consigo dejar de pensar en el pobre muchachito, fríamente desalojado por una profesora que debía de saber tanto de pedagogía infantil como yo de partículas subatómicas, si es que ya entonces se hablaba de eso. ¿Cómo le comunicaría él a sus padres, con razón orgullosos de su vástago, que había sido apeado del pedestal por culpa de un forastero desconocido que acababa de aparecer del otro lado del horizonte, como Tom Mix y su caballo *Rayo*? No recuerdo si llegué a entablar amistad con el desafortunado compañero, lo más probable es que él no quisiera ni verme. Es más, si la memoria no me engaña, creo que poco después fui transferido a otra clase, quién sabe si no sería para resolver el problema creado por la poca sensibilidad de la profesora. No es difícil imaginar a un padre furibundo entrando al despacho del director Vairinho para exponer su vehemente protesta por la discriminación (¿se usaba ya la palabra?) de que el hijo había sido víctima. Aunque, la verdad sea dicha, tengo la impresión de que a los padres, en aquellos primitivos tiempos, no les importaba demasiado este tipo de pormenores. Todo quedaba resumido en saber si pasabas o no de grado, si fuiste aprobado o suspendiste. El resto no contaba en las notas.

Cuando pasé del segundo grado al tercero, el profesor Vairinho mandó llamar a mi padre. Que yo era aplicado, buen estudiante, dijo, y por tanto muy capaz de hacer el tercer y cuarto grados en un solo año. Para el tercer grado frecuentaría las clases normales, mientras que las complejas materias del cuarto grado me serían impartidas en lecciones particulares por el mismo Vairinho, que, por cierto, tenía la casa en la propia escuela, en el último piso. Mi padre estuvo de acuerdo, tanto más que el arreglo le salía gratis, el profesor trabajaba por la buena causa. No iba a ser yo el único beneficiario de ese trato especial, había tres compañeros en la misma situación, dos de ellos de familias más o menos acomodadas. Acerca del tercero sólo recuerdo haber oído decir que la madre era viuda. De aquéllos, uno se llamaba Jorge, el otro Mauricio, del huérfano hasta el nombre se me ha ido, pero veo su figura, delgado, un poco encorvado. A Jorge, salvo equivocación, ya empezaba a vérsele el bozo. En cuanto a Mauricio, ése era un auténtico demonio con pantalones, conflictivo, rabioso, siempre en busca de peleas: una vez, en un acceso de furia, se abalanzó sobre un compañero y le clavó una pluma en el pecho. Con un temperamento así,

¿qué habrá hecho este muchacho en la vida? Éramos amigos, pero sin grandes confianzas. Ellos nunca fueron a mi casa (viviendo, como vivíamos, en habitaciones realquiladas, jamás se me pasaría por la cabeza la idea de invitarlos), y ellos tampoco me invitaron a las suyas. Convivencia, relaciones, juegos, sólo los del recreo. A propósito (¿sería otra manifestación de mi presumible dislexia?), recuerdo que por aquellos días confundía la palabra «retardador» con «redentor», y de la manera más extravagante que se pueda imaginar. Había aparecido, o yo lo descubrí sólo entonces, el efecto de pasar a cámara lenta las imágenes cinematográficas al que precisamente se le daba el nombre de «efecto retardador». Pues bien, sucedió que, en medio de un juego, decidí tirarme al suelo, pero lo hice muy despacio, al mismo tiempo que iba diciendo: «Es al redentor». Los otros no le dieron importancia a la palabra: a lo mejor, lo que yo conocía mal, ellos ni siquiera lo sabían.

Fuera de la escuela, recuerdo algunas grandiosas peleas, con chicos de las casas próximas, batallas a pedradas que felizmente no llegaban a hacer sangre ni lágrimas, pero en las que no se ahorraba el sudor. Los escudos eran tapaderas de cacerolas que íbamos a buscar a los basureros. Aunque yo nunca haya sido de valentías extremas, me acuerdo de una vez en que ataqué bajo una lluvia de piedras, y sólo por ese gesto heroico puse en desbandada a los dos o tres enemigos que se nos enfrentaban. Aún hoy tengo la impresión de que, al avanzar así, a cara descubierta, desobedecía una regla tácita de combate, como era la de que cada ejército se mantuviera en sus posiciones y a partir de éstas, sin cargas ni contracargas, disparar al adversario. Más de setenta años después, por entre las brumas de la memoria, consigo verme con la tapadera en la mano izquierda y una piedra en la mano derecha (dos en los bolsillos de los pantalones), mientras la fusilería de los dos lados pasaba sobre mi cabeza. De las clases particulares del profesor Vairinho, lo que mejor recuerdo es el momento en que, concluida la lección, con los cuatro alineados frente a la mesa, sobre la tarima, él escribía con su bella letra, abreviando en M, S, B y Opt., en nuestros cuadernillos de cubierta negra, las notas del día: mal, suficiente, bien, óptimo. Todavía conservo el mío y en él se puede ver qué buen estudiante fui en ese tiempo: los «mal» fueron poquísimos, los «suficientes» no muchos, los «bien» abundaban y no faltaban los «óptimos». Mi padre firmaba en la parte de debajo de la página diaria, firmaba

Sousa sin más, que a él, como ya dejé explicado, nunca le agradó el Saramago que el hijo le había obligado a adoptar. Para orgullo de la familia, tanto la de la ciudad como la de la aldea, salí aprobado con distinción en el examen del cuarto grado. La prueba oral se realizó en una clase de la planta baja (planta baja en relación a la parte de atrás del edificio, que daba al patio de recreo, pero primer piso llegando desde la calle), era una mañana transparente, con el sol brillando, por las ventanas abiertas a un lado y a otro corría la brisa, los árboles del recreo eran verdes y frondosos (nunca más volvería a jugar bajo sus sombras), y yo con mi traje nuevo, si no es falsa memoria mía, que me tiraba por debajo de los brazos. Recuerdo haber dudado ante una pregunta del jurado (tal vez no supiera responder, tal vez la tartamudez me hubiera trabado la lengua como sucedía en ocasiones), y que alguien, un hombre bastante joven que nunca había visto en la escuela, apoyado en el quicio de la puerta más próxima de las que daban al recreo, a tres pasos de mí, me sopló sutilmente la respuesta. ¿Qué hacía ese hombre ahí y no en la clase, como todo el mundo? Misterio. Ocurrió esto en el año 1933, mes de junio, y en octubre entré en el Liceo Gil Vicente, instalado en ese tiempo en el antiguo monasterio de San Vicente de Fora. Durante algún tiempo pensé que una cosa tendría que ir necesariamente con otra: el nombre del liceo con el nombre del santo... No se podía esperar que yo supiera quién era ese Gil Vicente.

Supongo (la certidumbre no puede ser total) que gracias a las «lecciones» del manual de conversación portugués-francés y a la buena retentiva que entonces tenía, logré brillar en el liceo la primera vez que me llamaron a la pizarra, escribiendo *papier* y unas cuantas palabras más con tal desenvoltura que el profesor dio rienda suelta a su satisfacción, pensando, quizá, que tenía allí a un especialista en la lengua de Molière. Cuando me mandó sentar, mi alegría por haber hecho buen papel era tan grande que, al bajar de la tarima, no conseguí reprimir un aspaviento para disfrute de los compañeros. Era puro nerviosismo, pero el profesor debió de temer que aquello fuera el preludio de malas conductas futuras y me avisó en ese momento de que me iba a bajar la nota que pensaba ponerme. Fue una pena, el caso no era para tanto. Después, con el paso del tiempo, tuvo ocasión de comprender que no tenía en su clase a un agitador profesional y rectificó el apresurado juicio. En cuanto al profesor de Matemáticas, naturalmente ninguno de nosotros, bisoños reclutas de primer año, ignorantes de la nomenclatura, había oído hablar de él. Por eso nos quedamos desconcertados cuando nos informó, sin presentarse él en persona, de que el libro por el que nos guiaríamos en nuestros estudios sería el suyo, o sea, de su autoría. Claro, que nadie se atrevió a preguntar: «¿Y usted cómo se llama?». Menos mal que estaba el bedel para salvarnos. El profesor se llamaba Germano. Del apellido no me acuerdo.

El primer año fui buen estudiante en todas las disciplinas, con excepción del canto coral, en el que nunca pasé de un aprobado justito. Mi reputación alcanzó tal extremo que alguna que otra vez aparecían en nuestra clase alumnos mayores, de cursos más adelantados, preguntando, supongo que por las referencias que los profesores habrían hecho acerca de mi persona, quién era el tal Saramago. (Fue el tiempo feliz en que mi padre iba con un papelito en el bolsillo para enseñárselo a los amigos, un papel escrito a máquina con mis notas, bajo el título «Notas de mi campeón». En mayúsculas.) Llegó la fama a tal despropósito que, en el arranque del segundo año, habiendo elecciones para la Asociación Académica, me votaran para, imagínense, el cargo de tesorero. A los doce años... Recuerdo que me pusieron en las manos una cantidad de papeles (cuotas y balances) que yo a duras penas sabía para qué servían y que realmente no llegaron a servir para nada. El segundo año me fue mal. No sé qué pasó en mi cabeza, tal vez comenzara a sospechar que mis pies no habían sido hechos para aquel camino, tal vez se había agotado el caudal y la energía que traía de la escuela primaria. Eso sin olvidar que mi padre ya estaba echándole cuentas a la vida y a los gastos de un bachillerato completo, y, después, ¿qué futuro? Las notas fueron en general bajas, en Matemáticas, por ejemplo, no llegué al aprobado ni en el primer trimestre ni en el segundo, y, si al final pasé con algo más de lo necesario, que nadie se vaya a creer que el soberbio salto de nivel que me permitiría ir al examen había sido el resultado de una final y desesperada aplicación al estudio. La explicación es otra. El día en que anunció las notas que se proponía darnos, el profesor Germano tuvo la feliz ocurrencia de preguntar a la comunidad de la clase si les parecía que yo sabía más de la ciencia de los números de lo que el suspenso proclamaba, y la muchachería, solidaria y unánime, respondió que sí señor, que él sabe más... La verdad es que no sabía.

Se entraba en el Gil Vicente por una rampa paralela a la estrecha calle que va de la plaza de San Vicente al Campo de Santa Clara. Nada más pasar el portón había una cerca, que era donde nos reuníamos para el recreo. Lo recuerdo como un espacio enorme (no sé cómo estará hoy aquello, si es que todavía existe), pienso que tal vez podían, desde el primer año hasta el séptimo, tener cabida allí todos los alumnos y aun así sobraría espacio. Una vez, como ya he contado antes, sufrí ahí una caída tremenda que me abrió la rodilla izquierda y de la que me quedó la cicatriz durante muchos años. Me llevaron al ambulatorio, y el enfermero (había siempre un enfermero de guardia) me puso una «laña». La «laña», como ya escribí antes y aquí repito con algún pormenor adicional, era un trocito de metal, rectangular y estrecho, que a la vista parecía una simple grapa, doblada en ángulo recto en las extremidades, que clavaban en los bordes de la herida y, después, delicadamente, apretaban hasta ajustarlas lo mejor posible y, de esta manera, acelerar el proceso de cicatrización de los tejidos dilacerados. Recuerdo nítidamente la impresión que me causó ver (y sentir, aunque he de reconocer que no demasiado) el metal entrando en la carne. Anduve después con la rodilla vendada y la pierna tiesa hasta el día que volví al ambulatorio para que me quitaran la «laña». Es otro recuerdo muy vivo que guardo, la pinza extrayéndome delicadamente el trozo de metal, las dos pequeñas fendas de carne viva que no sangraron. Estaba preparado para otra.

Me acuerdo muy bien, con una nitidez absoluta, casi fotográfica, de los amplios y largos pasillos del liceo, el pavimento oscuro, formado por baldosas granates que parecían enceradas, o tal vez no lo estuvieran, tan esforzado y continuo tendría que ser el trabajo de mantenerlo limpio con todas aquellas botas y zapatos pisándolo durante el día, pero, si no lo enceraban, como parece lógico suponer, no consigo entender cómo brillaba tanto. No se veía ni una pintada en las paredes, un papel en el suelo, una colilla de cigarro, ninguno de esos abusos e indiferencias de comportamiento juvenil hoy tan comunes, como si el tiempo, desde entonces, los hubiera considerado elementos indispensables para una formación educativa en grado de excelencia. Tal vez esto se debiera a las lecciones de la asignatura de Instrucción Moral y Cívica, aunque, si digo la verdad, no soy capaz de recordar ni uno solo de los preceptos que nos habrían sido ministrados. ¿Quién era el profesor? No me acuerdo, sé que no era cura, sé que no se enseñaba religión en el Liceo Gil Vicente. Por desgracia, esas lecciones, todavía laicas y republicanas, no impidieron que en los dos años que pasé allí, especialmente en el segundo, me convirtiera en el mayor mentiroso que jamás me sería dado conocer. Mentía sin ningún motivo, mentía a diestro y siniestro, mentía a propósito de todo y de nada. Compulsivamente, como se dice ahora. De mi padre, que no era hombre para andar metido en políticas, aunque, como representante de la autoridad, no tuviera otro remedio, ni le repugnara obedecer la voz de los amos y cumplir sus mandatos, inventé, paseando con un compañero (era un chico delgado, con los dientes salidos, y su almuerzo, invariable todos los días, era una pieza de pan con una tortilla francesa dentro) en el piso superior del claustro que daba al corredor donde estaban las aulas, inventé, decía, que había comprado el *Salazar* de Antonio Ferro en la Feria del Libro. No recuerdo cómo se llamaba ese compañero. De lo que sí me acuerdo es de su silencio y de su mirada: en su casa, probablemente, eran de la subversión... Mentiras más disculpables eran las de inventar enredos de películas que nunca había visto. Entre la Penha de França, donde vivíamos, y el liceo, en el camino que es hoy la avenida General Roçadas y más adelante la calle de la Graça, había dos cines, el Salón Oriente y el Royal Cine, y en ellos nos entreteníamos, los compañeros que vivían por aquella parte y yo, viendo la exposición de reclamos fotográficos, que entonces era costumbre exhibir en todos los cines. A partir de esas pocas imágenes, en total unos ocho o diez fotogramas, armaba allí mismo una historia completa, con principio, medio y fin, sin duda auxiliado en la maniobra mistificadora por el precoz conocimiento del Séptimo Arte que había adquirido en el tiempo dorado del «Piojo» de la Morería. Un poco envidiosos, los compañeros me oían con la mayor atención, hacían de vez en cuando preguntas para aclarar alguna escena dudosa y yo iba acumulando mentiras sobre mentiras, no muy lejos ya de creer que realmente había visto lo que simplemente estaba inventando...

Cuando comencé a asistir al Liceo Gil Vicente todavía vivíamos en la calle Heróis de Quionga. Tengo la certeza de que fue así porque me recuerdo, pocos días antes de comenzar las clases, sentado en el suelo, en una habitación que no era el dormitorio de mis padres (a esas alturas ya habíamos subido un peldaño en la escala social, ocupábamos parte de un piso), leyendo el libro de Francés. En esa calle Heróis de Quionga vivíamos nosotros, los Barata, que nos acompañaron de la casa de la calle Fernão Lopes, y también, procedente de no sé dónde, una tía de ellos, una mujer de edad llamada Emídia, como la mujer del Barata mayor. Cada cierto tiempo, creo que una o dos veces al mes, les aparecía de visita un pariente, sobrino o primo era, de nombre Julio, ciego, y que estaba internado en un asilo. Vestía un uniforme de cotín gris claro. De cara lampiña, con poco pelo en la cabeza, y ése cortado a cepillo, tenía los ojos casi blancos y el aire de quien se masturbaba todos los días (lo pienso ahora, no en aquellos tiempos), pero lo que más me desagradaba de él era el olor que desprendía, un olor a rancio, a comida fría y triste, a ropa mal lavada, sensaciones que en mi memoria quedarían siempre asociadas a la ceguera y que probablemente se reprodujeron en el *Ensayo*. Me abrazaba con mucha fuerza y a mí no me gustaba. A pesar de eso, siempre iba a sentarme a su lado cuando veía que se preparaba para escribir. Colocaba una hoja de papel grueso, el apropiado, entre dos bandejas de metal y después, velozmente, sin dudar, se ponía a picarlo con una especie de punzón, como si estuviese dotado de la vista más perfecta del mundo. Ahora quiero imaginar que Julio tal vez pensara que aquel escribir era una forma de encender estrellas en la oscuridad irremediable de su ceguera.

En ese tiempo los Reyes Magos todavía no existían (o soy yo quien no se acuerda de ellos), ni existía la costumbre de montar belenes con la vaca, el buey y el resto de la compañía. Por lo menos en nuestra casa. Se dejaba por la noche el zapato («el *zapatinho*») en la chimenea, al lado de los hornillos de petróleo, y a la mañana siguiente se iba a ver lo que el Niño Jesús habría dejado. Sí, en aquel tiempo era el Niño Jesús quien bajaba por la chimenea, no se quedaba acostado en la paja, con el ombligo al aire, a la espera de que los pastores le llevasen leche y queso, porque de esto, sí, iba a necesitar para vivir, no del oro-incienso-y-mirra de los magos, que, como se sabe, sólo le trajeron amargores para la boca. El Niño Jesús de aquella época todavía era un Niño Jesús que trabajaba, que se esforzaba por ser útil a la sociedad, en fin, un proletario como tantos otros. En todo caso, los más pequeños de la casa teníamos nuestras dudas: nos costaba creer que el Niño Jesús estuviera dispuesto a ensuciar de esa manera la blancura de sus vestimentas bajando y subiendo toda la noche por paredes cubiertas de ese hollín negro y pegajoso que revestía el interior de las chimeneas. Tal vez porque hubiésemos dejado entrever con alguna media palabra este sano escepticismo, una noche de Navidad los adultos quisieron convencernos de que lo sobrenatural, además de existir de verdad, lo teníamos dentro de casa. Dos de ellos, creo que fueron dos, quizá mi padre y Antonio Barata, se fueron al pasillo y comenzaron a rodar carros de juguete desde un extremo a otro, mientras quienes se habían quedado con nosotros en la cocina decían: «¿Oís? ¿Estáis oyendo? Son los ángeles». Yo conocía aquel pasillo como si hubiera nacido en él y nunca había notado señal alguna de presencias angelicales cuando, por ejemplo, sosteniéndome a un lado y a otro con los pies y las manos, trepaba pared arriba hasta tocar con la cabeza en el techo. Y en lo alto, ángeles o serafines, ni uno como muestra. Pasado el tiempo, estando ya en la adolescencia, intenté repetir la habilidad, pero no fui capaz. Las piernas me habían crecido, las articulaciones de los tobillos y de las rodillas se habían hecho menos flexibles, en fin, el peso de la edad...

Otro recuerdo (que ya evoqué en *Manual de pintura y caligrafía*) es el del inquietante caso de la tía Emídia, persona de edad, como ya dejé dicho, con el pelo blanco recogido y rematado en la nuca con un moño, robusta, muy derecha, colorada por naturaleza y abuso de la bebida, y que siempre me causó una impresión de aseo personal fuera de lo común. En su estación, vendía castañas asadas a la puerta de una taberna que quedaba un poco más abajo, en la esquina de la calle Morais Soares con Heróis de Quionga, pero también tenía otras pequeñas golosinas corrientes en una mesa de patas que se doblaban, caramelos, barras de cacahuetes con miel, otros sueltos, sin miel, piñones ensartados a los que llamábamos collares. De vez en cuando se pasaba de la raya con el vino y se emborrachaba. Un día, las mujeres de la casa la encontraron tendida en el suelo de su habitación, con las piernas abiertas y las sayas levantadas, cantando no me acuerdo qué, mientras se masturbaba. Yo también acudí a curiosear, pero las mujeres formaban una barrera y apenas pude percibir lo esencial... Debía de tener unos nueve años, no más. Fue uno de los primeros capítulos de mi educación sexual básica.

Un tercer no menos edificante caso era la habilidad de que se servían en casa para engañar a la Compañía de Aguas. Con una aguja fina se hacía un agujero en la parte del caño de plomo que se encontraba a la vista y se le ataba un trapo, dejando la otra punta colgando dentro de un recipiente. De esta manera, lentamente, gota a gota, éste se iba llenando, y, como esa agua no pasaba por el contador, el consumo no quedaba registrado. Cuando el trasvase terminaba, es decir, cuando el recipiente estaba lleno, se pasaba la lámina de un cuchillo sobre el minúsculo orificio, y el propio plomo, así recompuesto, encubría el delito. Duró esto no sé cuánto tiempo, hasta que el caño, tantas veces agujereado, se negó a seguir siendo cómplice del fraude y comenzó a verter agua por todo lo que era orificio, tanto antiguo como reciente. Fue necesario llamar urgentemente al «hombre de la compañía». Vino, miró, cortó el trozo de plomo dañado y, sin querer dar muestra de estar al tanto de un artificio que para él no debía de ser novedad, dijo, mientras miraba dentro del caño: «Pues sí, está todo podrido». Soldó el caño nuevo y se marchó. Sin duda era un buen hombre, que no quiso vejarnos dando parte a la compañía. Que yo recuerde, ninguno de los tres jefes de familia se encontraba presente en ese momento, y menos mal, porque no sería fácil explicar cómo, con dos autoridades policiales dentro de casa, y una de ellas, para colmo, de investigación criminal, nos atrevíamos a cometer ilegalidades de éstas. Otra posibilidad que tal vez debiese ser seriamente considerada es la de que el empleado de la compañía, puesto en antecedentes de antemano por mi padre o por cualquiera de los otros dos, estuviese al tanto. Bien podría ser.

De los tiempos de la calle Heróis de Quionga poco más tengo que decir, sólo algunos recuerdos sueltos, de mínima importancia: de las cucarachas que pasaban sobre mí cuando dormía en el suelo, de cómo comíamos la sopa, mi madre y yo, del mismo plato, cada uno a un lado, cucharada ella, cucharada yo; de la mañana en que llovía mucho y decidí no ir a la escuela, con gran enfado de mi progenitora y todavía mayor sorpresa mía por atreverme a faltar a las clases sin estar enfermo ni tener para tal ningún motivo fuerte; de cuando, tras las ventanas de la terraza de la parte de atrás de la casa, veía caer los hilos de agua que se deslizaban vidrio abajo; de cómo me gustaba mirar, a través de las imperfecciones del vidrio, las imágenes deformadas de lo que estaba al otro lado; de los panecillos comprados en la panadería, todavía calientes y olorosos, que conocíamos como los de «siete y medio»; de las «vianilhas», de masa fina, más caras, y que sólo en contadas ocasiones tuve la golosa satisfacción de comer... Siempre me ha gustado mucho el pan.

Al contrario de lo que atrás quedó dicho, la familia Barata no entró en mi vida cuando nos mudamos de la calle de los Cavaleiros a la calle Fernão Lopes. Gracias a unos papeles que creía perdidos y que providencialmente se me presentaron ante la vista, sin esperarlo, cuando andaba buscando otros, mi desorientada memoria pudo reunir y encajar unas cuantas piezas que estaban dispersas y, finalmente, colocar lo cierto y lo verdadero donde hasta entonces había reinado lo dudoso y lo indeciso. He aquí, para que conste, el itinerario exacto y definitivo de nuestras frecuentes mudanzas de casa: un sitio conocido por Quinta del Pierna de Palo, en la Picheleira, donde comenzamos, después la calle E, en el Alto do Pina (que después pasó a ser Luís Monteiro), a continuación la calle Sabino de Sousa, la calle Carrilho Videira (es aquí donde aparecen los Barata por primera vez), la calle de los Cavaleiros (sin los Barata), la calle Fernão Lopes (nuevamente con ellos), la calle Heróis de Quionga (todavía con ellos), otra vez la misma casa de la calle Carrilho Videira (seguimos con los Barata), la calle Padre Sena Freitas (sólo con Antonio Barata y Concepción), la calle Carlos Ribeiro (por fin, independientes). Diez viviendas en poco más de diez años, y no era porque no pagásemos la renta, creo yo... Como se acaba de ver, no andaba equivocado cuando escribí que habíamos vivido dos veces en la calle Carrilho Videira, pero fue equivocación gravísima el que, sin detenerme a reflexionar en algunas cuestiones básicas de la fisiología sexual y del desarrollo hormonal, pusiera que tenía alrededor de once años cuando ocurrió el episodio con Domitilia. Nada de eso. En realidad, yo no tendría más de seis y ella rondaría los ocho. Si, ya espigado, como era entonces, tuviese los tales once años, ella tendría trece, y en ese caso la cosa habría sido más seria y la punición por el delito no podría haberse limitado a dos azotes en el trasero de cada uno... Resuelta ahora la duda, aliviada la conciencia de la pesadumbre del error, puedo proseguir.

Como era costumbre en aquel tiempo, las mudanzas de casa de las personas que no podían pagar una camioneta se hacían sobre las espaldas de los mozos de cuerda, sin otros utensilios que el palo, los cordeles y el costal. Y aguante, mucho aguante. Pero las cosas pequeñas no las transportaban ellos, por eso mi madre, a lo largo de aquellos años (no imagino, lo vi con mis ojos), tuvo que recorrer kilómetros entre casa y casa, llevando en la cabeza cestas y atados, o los cargaba en la cadera cuando era más conveniente. Tal vez en un momento de ésos le hubiese venido a la memoria el día en que, allá en la aldea, de confusa y perturbada que iba porque mi padre le había pedido relaciones en la fuente, se olvidó de que, para entrar en casa con el cántaro a la cabeza, era necesario agacharse. No se acordó, el cántaro chocó contra el dintel de la puerta, y en un santiamén todo estaba en el suelo. Cascotes, agua derramada, rayos de mi abuela, tal vez risas al conocerse la causa del accidente. Podría decirse que mi vida también comenzó allí, con un cántaro partido.

La madre y los hijos llegaron a Lisboa en la primavera de 1924. En ese año, en diciembre, murió Francisco. Tenía cuatro años cuando una bronconeumonía se lo llevó. Fue enterrado en la víspera de Navidad. Hablando con el mayor rigor, pienso que las llamadas falsas memorias no existen, que la diferencia entre éstas y las que consideramos ciertas y seguras se limita a una simple cuestión de confianza, la confianza que en cada situación tengamos en esa incorregible vaguedad a la que llamamos certeza. ¿Es falsa la única memoria que guardo de Francisco? Tal vez lo sea, pero la verdad es que ya llevo ochenta y tres años teniéndola por auténtica... Estamos en un sótano de la calle E en el Alto do Pina, hay una cómoda debajo de una abertura horizontal en la pared, larga y estrecha, más tragaluz que ventana, rasante con el pavimento de la calle (veo piernas de personas pasando a través de lo que supongo que será una cortina), y esa cómoda tiene dos cajones inferiores abiertos, el último más hacia fuera de manera que hace una especie de escalera con el siguiente. Es verano, tal vez el otoño del año en que Francisco va a morir. En este momento (el retrato está ahí para quien lo quiera ver) es una criatura alegre, sólida, perfecta, que, por lo visto, no tiene paciencia para esperar a que el cuerpo le crezca y los brazos se le alarguen para llegar a lo que se encuentra sobre la cómoda. Es todo lo que recuerdo. Si la madre apareció para cortar de raíz las veleidades alpinas de Francisco, eso no lo sé. Ni siquiera sé si ella estaba en la casa, si habría ido a fregar las escaleras de algún edificio próximo. Si lo tuvo que hacer después, por necesidad, cuando yo ya era lo suficientemente mayor como para comprender lo que pasaba, es más que probable que lo hiciera entonces, cuando la necesidad era mayor. El hermano de Francisco nada podía hacer para amparar en la caída al osado alpinista, en caso de producirse. Debía de estar sentado en el suelo, con el chupete en la boca, con aquel su poco más de año y medio, ocupado, sin que pudiera ni imaginar que lo estaba haciendo, en registrar en cualquier lugar de su pequeño cerebro lo que estaba viendo para poder venir a contárselo después, una vida después, al respetable público. Ésta es, pues, mi memoria más antigua. Y quizá sea falsa...

Falsa, sin embargo, no es la que viene ahora. El dolor y las lágrimas, si pudieran ser llamados aquí, serían testigos de la violenta y feroz verdad. Francisco ya murió, yo tendría, creo, entre los dos y los tres años. Un poco alejado de la casa (todavía estamos viviendo en la calle E), había un montículo de caliza abandonado de alguna obra. A la fuerza (mi débil resistencia de nada podía servirme), tres o cuatro niños ya crecidos me llevaron hasta allí. Me empujaron, me tiraron al suelo, me bajaron los pantalones y los calzoncillos y, mientras unos me sujetaban los brazos y las piernas, otro comenzó a introducirme un alambre en la uretra. Grité, me revolví desesperado, pataleé todo lo que pude, pero la cruel acción proseguía, el alambre penetró más hondo. Tal vez la sangre abundante que comenzó a salir de mi pequeño y martirizado pene me salvara de lo peor. Los mozalbetes se asustaron o simplemente pensaron que ya se habían divertido lo suficiente, y huyeron. No había allí nadie que me auxiliara. Llorando, con la sangre corriéndome piernas abajo, dejando la ropa en el montón de caliza, me arrastré como pude hasta llegar a casa. Mi madre ya había salido a buscarme (no puedo recordar por qué estaba solo en la calle), y cuando me vio en aquel mísero estado se desató en gritos: «¡Ay mi hijo! ¿Quién te ha hecho esto?», pero de nada valían gritos y lágrimas, los culpables ya estaban lejos, a lo mejor no eran de aquel barrio. Sané de las heridas internas con mucha suerte porque un alambre encontrado en un descampado tenía todo para ser, en principio, el mejor camino para el tétanos. Después de la muerte de Francisco, parecía que la desgracia no quería abandonar nuestra puerta. Puedo imaginar la preocupación de mis padres cuando, más adelante, ya con cinco años, con problemas en la garganta, tuvieron que llevarme al hospital donde mi hermano había muerto. Luego se vio que mis padecimientos eran unas simples anginas y sinusitis, nada que no se pudiera tratar en media docena de días, como efectivamente acabaría sucediendo. Se me preguntará cómo soy sabedor de todos estos pormenores después de transcurrido tanto tiempo. La historia es larga pero puede resumirse en pocas palabras. Cuando hace muchos años me vino la idea de escribir los recuerdos y experiencias del tiempo en que era pequeño, tuve presente que debía hablar de la muerte (ya que tan poca vida tuvo) de mi hermano Francisco. Desde siempre venía oyendo en la familia que había muerto en el Instituto Bacteriológico Câmara Pestana, de angina diftérica, o garrotillo, en palabras de mi madre. Sin embargo, no recuerdo que alguna vez se hablara de la fecha en que se produjo el fallecimiento. Puesto a investigar, escribí al Instituto Câmara Pestana, de donde amablemente me respondieron que no constaba en sus archivos la entrada de ningún niño de cuatro años con el nombre de Francisco de Sousa. Me enviaron, supongo que para compensar la decepción que me iban a ocasionar, una copia del registro de mi propia admisión el día 4 de abril de 1928 (tuve el alta el 11 del mismo mes), con el nombre de José Sousa, tal cual, es decir, dos veces abreviado. No se ve ni la sombra del Saramago, y, como si esto aún fuera poco, la preposición «de», intercalada entre el José y el Sousa, también había desaparecido. Al menos, gracias a ese papel, supe qué temperaturas tuve en aquellos días de

anginas y de sinusitis... Recuerdo con toda nitidez una de las visitas que mis padres me hicieron. Yo estaba en lo que llamaban el aislamien-
to, por eso sólo nos podíamos ver a través de
un cristal. También me acuerdo de que tenía
sobre la cama un juguete, un hornillo de barro
al que le avivaba la inexistente lumbre con una
cáscara de plátano haciendo de soplillo. Era así
como lo veía hacer en casa, en verdad no sabía
mucho más de la vida...

Regresando a mi hermano. Como era
natural, mi primera diligencia, la primera de
todas, fue solicitar a la conservaduría del registro civil de Golegã, sede administrativa de
nuestra aldea de origen, que me enviaran el certificado de nacimiento de Francisco de Sousa,
hijo de José de Sousa y de María de la Piedad,
natural de Azinhaga, ya que ahí tendría que
constar la fecha de su muerte. Pues no, no constaba, no señor. A juzgar por este documento
oficial, Francisco no había muerto. Ya era sorprendente que el Instituto Bacteriológico Câmara Pestana me hubiera dicho, con todo el
rigor administrativo, que él nunca estuvo allí
internado, cuando yo sabía de fuente segurísi-
ma que sí, ahora era la conservaduría del registro civil de Golegã quien, implícitamente, me

informaba de que mi hermano estaba vivo. Sólo quedaba una solución, investigar en la vastedad de los archivos de los cementerios de Lisboa. Algunas personas aceptaron hacerlo por mí, y a ellas les estaré siempre agradecido. Francisco murió el día 22 de diciembre, a las cuatro de la tarde, y fue enterrado en el cementerio de Benfica el día 24, casi a la misma hora (triste Navidad fue aquélla para mis padres). La historia de Francisco, sin embargo, no se acaba aquí. Sinceramente, pienso que la novela *Todos los nombres* quizá no hubiera llegado a existir tal como la podemos leer si, en 1966, no hubiese andado tan enfrascado en lo que pasa dentro de los registros civiles...

Se llamaba Francisco Carreira y era zapatero. Su taller era un oscuro cubículo sin ventanas, con una puerta por donde sólo los niños podían entrar sin tener que agacharse, pues tendría poco más de metro y medio de altura. Siempre lo vi sentado en su taburete, detrás de un banco sobre el que tenía dispuestos los utensilios del oficio y donde se veían, emergiendo de una inmemorial capa de residuos, puntillas torcidas, recortes de suelas, alguna aguja roma, un alicate inservible. Era un hombre enfermo, gastado antes de tiempo, con la columna vertebral deformada. Toda su fuerza se le agolpaba en los brazos y en los hombros, potentes como palancas. Con ellos maceraba la suela, enceraba los hilos, repujaba los puntos y clavaba las tachuelas con dos golpes secos que nunca le vi fallar. Mientras yo me entretenía en hacer agujeros en un trozo de piel con un vaciador o jugueteaba con el agua en la que la suela puesta en remojo adquiría el toque astringente del tanino, me contaba historias de su juventud, difusas aspiraciones políticas, la pistola que le fue mostrada como tenebroso aviso y que, palabras del avisador, se destinaba a quien traicionara la causa... Luego me preguntaba cómo llevaba los estudios, qué noticias tenía de lo que iba pasando en Lisboa, y yo me enrollaba lo mejor que podía para satisfacer su curiosidad. Un día lo encontré preocupado. Se alisaba el pelo ralo con la lezna, suspendía el movimiento de los brazos al tirar del hilo, señales que bien conocía y que anunciaban una pregunta de especial importancia. De ahí a poco Francisco Carreira inclinaba hacia atrás el cuerpo contrahecho, se subía las gafas a la frente y disparaba a quemarropa: «¿Tú crees en la pluralidad de los mundos?». Él había leído a Fontenelle, yo no, yo sólo de oído gozaría de alguna escasa luz sobre el asunto. Hilvané una respuesta sobre el movimiento de los astros, dejé caer a la buena de Dios el nombre de Copérnico, y por ahí nos quedamos. De todos modos, sí, creía en la pluralidad de los mundos, la cuestión estribaba en saber si habría alguien en ellos. Él se dio por satisfecho, o así me lo pareció, y yo respiré aliviado. Muchos años después escribiría sobre él dos páginas a las que daría el título, obviamente inspirado en Lorca, de «El zapatero prodigioso». ¿Qué otra palabra podría usar sino ésa? Un zapatero de mi aldea, en los años treinta, hablando de Fontenelle...

Algo me quedó por decir cuando, en una página anterior, hablé de la ida a la feria para vender los cerdos. La venta de lechones entre los vecinos de Azinhaga había sido baja ese año, de modo que mi abuelo consideró que lo mejor era llevar los cochinillos que quedaban a la feria de Santarém. Me preguntó si quería ir de ayudante de mi tío Manuel, y yo, sin necesidad de pensarlo dos veces, respondí que sí señor. Engrasé las botas para la caminata (no era viaje para hacer descalzo) y fui al alpendre a elegir el palo que más le conviniese a mi tamaño. Comenzamos la jornada a media tarde, mi tío atrás, atento para no dejar que se extraviara ninguno de los lechones, yo delante, llevando

pegada a los tobillos la marrana que los mantenía unidos, madre auténtica de algunos y para
los otros prestada de ocasión. De vez en cuando mi tío me relevaba, y yo, como él antes, no
tenía otro remedio que masticar el polvo que
las patas de los animales más inquietos iban
levantando en el camino. Era casi de noche
cuando llegamos a la Quinta da Cruz da Lé-
gua, donde estaba acordado que dormiríamos.
Metimos a los cerdos en un barracón y comimos del fardel de pie, bajo la luz que salía por
una ventana, porque no quisimos entrar o porque no nos invitó el hacedor de la finca, que
es casi lo más seguro... Cuando estábamos comiendo, vino un mozo a decirnos que podíamos dormir con los caballos. Nos dio dos mantas y se fue. La puerta de las caballerizas no se
cerraba y eso nos convenía, ya que teníamos
que salir de madrugada, antes de que la primera claridad apuntase en el cielo, para llegar a
Santarém cuando la feria abriese. Nuestra cama
sería uno de los extremos del pesebre que ocupaba toda la pared del fondo del establo. Los
caballos relinchaban y daban patadas en el
suelo empedrado. Me subí al pesebre y me
tumbé sobre la paja fresca, como en una cuna,
enrollado en una manta, respirando el olor
fuerte de los animales, toda la noche inquietos

o así me lo pareció cuando me despertaba en los intervalos del sueño. Me sentía cansado, con las piernas y los pies hechos polvo como nunca. La oscuridad era caliente y espesa, los caballos se sacudían las crines con fuerza, y mi tío, con la cabeza casi tocándome los pies, dormía como una piedra. Me desperté del sueño profundo en el que acababa de entrar cuando, todavía de madrugada, él me llamó: «Levántate, Zé, que tenemos que irnos». Me senté en el pesebre con los ojos pizcando de sueño y deslumbrados por una luz inesperada. Salté al suelo y salí al exterior: ante mí había una luna redonda y enorme, el blanco más refulgente donde la luz de la luna daba de pleno, y, por contraste, el negro más espeso en las sombras. Nunca he vuelto a ver una luna así. Fuimos a buscar los cerdos y bajamos hasta el valle, con mil cautelas, porque había mato alto, zarzales y barrancos, y los lechones, confusos por el madrugón, fácilmente podrían dispersarse y perderse. Al llegar al fondo del valle todo fue más simple. Caminamos a lo largo de viñas ya maduras, por un camino cubierto de polvo que la frescura de la noche mantenía asentado, y yo salté al interior de las cepas y corté dos racimos grandes que me metí en la blusa mientras vigilaba, por si aparecía algún guarda. Regresé al camino y le ofrecí un racimo a mi tío. Fuimos andando y comiendo las uvas frías y dulces, que, de tan duras, parecían cristalizadas. Comenzamos a subir a Santarém cuando el sol nacía. Estuvimos en la feria toda la mañana y una parte de la tarde. El negocio no nos salió mal, pero no conseguimos vender todos los cochinillos. Ya no me acuerdo de por qué razones, si es que dio alguna, cosa bastante improbable, mi tío Manuel decidió que la vuelta a casa iba a ser por las colinas bajas que se levantan a lo largo de esta parte del Tajo. Bendito capricho, gracias al cual pude conocer mi primera calzada romana...

Caía la lluvia, el viento zarandeaba los árboles deshojados, y de tiempos pasados viene una imagen, la de un hombre alto y delgado, viejo, ahora que está más cerca, por un camino inundado. Trae un cayado al hombro, un gabán embarrado y antiguo, y por él se deslizan todas las aguas del cielo. Delante vienen los cerdos, con la cabeza baja, rozando el suelo con el hocico. El hombre que así se aproxima, difuso entre las cuerdas de lluvia, es mi abuelo. Viene cansado, el viejo. Arrastra consigo setenta años de vida difícil, de privaciones, de ignorancia. Y no obstante es un hombre sabio, callado, que sólo abre la boca para decir lo indispensable. Habla tan poco que todos nos callamos para oírlo cuando en el rostro se le enciende algo así como una luz de aviso. Tiene una manera extraña de mirar a lo lejos, incluso siendo ese lejos la pared de enfrente. Su cara parece haber sido tallada con una azuela, fija aunque expresiva, y los ojos, pequeños y agudos, brillan de vez en cuando como si algo que estuviera pensando hubiera sido definitivamente comprendido. Es un hombre como tantos otros en esta tierra, en este mundo, tal vez un Einstein aplastado bajo una montaña de imposibles, un filósofo, un gran escritor analfabeto. Algo que no podrá ser nunca. Recuerdo aquellas noches templadas de verano, cuando dormíamos debajo de la higuera grande, lo oigo hablar de la vida que tuvo, del Camino de Santiago que resplandece sobre nuestras cabezas, del ganado que criaba, de las historias y leyendas de su infancia distante. Nos dormíamos tarde, bien enrollados en nuestras mantas para defendernos del frío de la madrugada. Pero la imagen que no me abandona en esta hora de melancolía es la del viejo que avanza bajo la lluvia, obstinado, silencioso, como quien cumple un destino que no podrá modificar. A no ser la muerte. Este viejo, que casi toco con la mano, no sabe cómo va a morir. Todavía no sabe que pocos días antes de su último día tendrá el presentimiento de que ha llegado el fin, e irá, de árbol en árbol de su huerto, abrazando los troncos, despidiéndose de ellos, de las sombras amigas, de los frutos que no volverá a comer. Porque habrá llegado la gran sombra, mientras la memoria no lo resucite en el camino inundado o bajo el cielo cóncavo y la eterna interrogación de los astros. ¿Qué palabra dirá entonces?

Tú estabas, abuela, sentada en la puerta de tu casa, abierta ante la noche estrellada e inmensa, ante el cielo del que nada sabías y por donde nunca viajarías, ante el silencio de los campos y de los árboles encantados, y dijiste, con la serenidad de tus noventa años y el fuego de una adolescencia nunca perdida: «El mundo es tan bonito y yo tengo tanta pena de morir». Así mismo. Yo estaba allí.

Entre los lechoncitos acabados de nacer aparecía de vez en cuando alguno que otro más débil que inevitablemente sufriría con el frío de la noche, sobre todo si era invierno, y podría serle fatal. Sin embargo, que yo sepa, ninguno de esos animales murió. Todas las noches, mi abuelo y mi abuela iban a las pocilgas a buscar los tres o cuatro lechones más débiles, les limpiaban las patas y los acostaban en su propia cama. Ahí dormirían juntos, las mismas mantas y las mismas sábanas que cubrían a los humanos cubrirían también a los animales, mi abuela a un lado de la cama, mi abuelo en el otro, y, entre ellos, tres o cuatro cochinillos que ciertamente creerían que estaban en el reino de los cielos...

El huerto del Casalinho se dividía en dos partes diferentes en forma y tamaño. Se podía acceder a la primera, la más pequeña, más o menos cuadrada, por los dos escalones de piedra de la puerta de la cocina o por una verja que daba directamente a la calle y cuyo principal servicio, a bien decir, era dar paso a los cerdos cuando, con el primer lucero de la aurora, mi abuelo salía con ellos o cuando, casi con el sol puesto, los traía a casa. Nosotros también la usábamos, claro está, pero los animales, ésos, no tenían otra manera de entrar o de salir. En esta parte del huerto, bajo el cobertizo que siempre me parecía que estaba a punto de venirse abajo, se encontraban las pocilgas, unas cuatro o cinco, donde las marranas, tumbadas de lado, con las tetas ofrecidas, daban de mamar a los lechones y con ellos allí dormían toda la santa noche y las horas del día que les dejaran. En principio bastaba con abrir las puertas de las pocilgas para que cada marrana entrara en la que le pertenecía, llevando tras de sí la ventregada respectiva. No recuerdo que alguna vez ellas se equivocaran de casa, pero no era infrecuente que uno o más cochinillos, ciegos de ansiedad, entraran por la puerta errada. No estaban ahí mucho tiempo. Por increíble que pueda parecerle a quien estas cosas no ha visto o de ellas no ha oído hablar, la marrana conocía el modo de mamar de cada hijo por el modo que cada uno tenía de chupar la teta para sacar la leche, de manera que el entrometido se veía inmediatamente rechazado a morrazos. Lo más contundente, que sería una mordedura, no recuerdo que sucediera nunca. El pobre cerdito había descubierto, demasiado tarde, que aquella madre no era la suya y, angustiado, gruñía para que lo socorrieran. Mi abuelo o mi abuela me decían: «Zezito, ve a ver aquello». Yo, alumno ya adelantado en la materia de la cría de suidos, iba, tomaba al intruso por una pata trasera y, sosteniéndolo por la barriga con la otra mano, lo reconducía al dulce hogar, a la satisfacción de oír a la madre legítima ronronear de placer porque el hijo pródigo había conseguido encontrar el camino de regreso. ¿Que cómo sabía a qué pocilga pertenecía el extraviado? Nada más fácil. A cada lechón le habían sido hechos tantos cortes en el pelo como pocilgas ocupadas hubiera, un corte para la primera, dos para la segunda y así sucesivamente. Mucho más complejo era el sistema de señales que mi abuela utilizaba para saber cuánto dinero estaba gastando en la tienda, y nunca la vi equivocarse ni en un centavo. Trazaba en un cuaderno círculos con una cruz dentro, círculos sin cruz dentro, cruces fuera de los círculos, trazos a los que ella llamaba palitos, alguna otra sinalefa que ahora no recuerdo. Con el dueño de la tienda, que se llamaba Vieira, algunas veces la vi contraponer sus propias cuentas al papel que él le presentaba y ganaba siempre en el ajuste. Nunca me perdonaré no haberle pedido uno de esos cuadernos, sería la prueba documental por excelencia, incluso podríamos decir que científica, de que mi abuela Josefa había reinventado la aritmética, hecho que en una familia como la mía nada tenía de extraordinario o simplemente de relevante, si recordamos todavía que José Dinís resolvió el histórico problema de la cuadratura del círculo cuando ni diez años tenía... Además de las pocilgas y de las artesas donde los cerdos se relamían con la mezcla de agua y harina, a veces adobada con unos puñados de harina de maíz, había en esta parte del huerto un gallinero, una conejera y el establo de la burra. De los gallineros, por mucho que una persona se esfuerce, nunca tendrá gran cosa para contar, se espera que en ellos coexistan unas cuantas gallinas más el gallo que las cubra, huevos para vender, huevos de los que nacerán pollitos, huevos para comer en la mesa cuando sea el día del cumpleaños del rey. El gallinero de mis abuelos no era una excepción, en especies tenía aquello que todos los otros tienen, pero menos, seguramente, que la mayor parte de ellos en lo que respecta a la cantidad de gallináceos y respectiva producción. En cuanto a la conejera, ésa tiene historia. La visitaba de tiempo en tiempo, siempre a altas horas de la noche, el tío Carlos, en los intervalos en que no estaba en la cárcel de la plaza o huido en alguna parte por sospecha de hurto, sobre todo de los hilos de cobre de los postes telefónicos, mercancía en particular estimada y con la que perdía positivamente la cabeza. No era mal hombre, pero bebía demasiado y tenía dificultad para distinguir lo suyo de lo ajeno. No creo que prefiriera la carne de conejo a la carne de gallina, pero los lepóridos eran, por decirlo de alguna manera, mudos, unos gruñidos y nada más, no sabían protestar cuando los agarraban por las orejas y los metían dentro del saco, mientras que las gallinas eran meninas para armar un alboroto capaz de despertar a toda la vecindad. Cuando mi abuela, por regla general la primera señal del amanecer aún venía lejos, se levantaba de la cama, podía considerarse la mujer más afortunada del mundo si Carlos Melrinho, como recuerdo filial de la excursión nocturna, le había dejado la caridad de un conejo o dos. Imperdonable, se podría decir, sin embargo ya sabemos que ni siquiera en las mejores familias todo es amable. En cualquier caso, no falta por ahí quien robe mucho más que los hilos telefónicos y conejos, y pese a todo consigue pasar por persona honesta ante los ojos del mundo. En aquellas épocas y en aquellos lugares, lo que parecía, era, y lo que era, parecía. Tal vez la única excepción en el Casalinho fuese el antes mencionado establo de la burra. Le había quedado el nombre del tiempo que fue morada de una jumenta que no llegué a conocer. A pesar de los muchos años que pasaron después, el nombre permaneció siempre, y, para que no cupiesen dudas sobre sus principios, el establo conservaba aún el viejo comedero, como si el asnino espíritu tuviese por destino regresar allí todas las noches para alimentarse de la memoria de las habas y de la paja. Además del horno de cocer el pan, que quedaba al lado de la puerta de la cocina, el inventario de esta parte del huerto quedará completado con la referencia a otra pocilga, mayor que aquellas en las que sólo cabían las marranas con sus proles, y aun así bastante apretados. Esa pocilga grande albergaba, aunque no todos los años, un cerdo que había sido elegido para engorde, una bestia desagradecida a la que yo, por lo menos una vez a la semana, horqueta en mano, tenía que mudarle la cama, retirándole la paja maloliente, inmunda de excrementos, sustituyéndola por paja nueva que no iba a tardar ni una hora en perder la frescura de su olor natural. Un día, estaba yo ocupado en esta operación cuando comenzó a llover, primero unas gotas gruesas y espaciadas, luego con fuerza e insistencia. Creí conveniente retirarme y así protegerme en el establo de la burra, pero la voz de mi abuelo me detuvo a mitad del camino: «Trabajo que se empieza, se termina, la lluvia moja, pero no parte los huesos». Era cierto. Volví a empujar la horqueta y, sin prisas, sin precipitaciones, como un buen trabajador, terminé la tarea. Estaba chorreando, pero feliz.

Una tosca empalizada de palos clavados en la tierra separaba las dos partes del huerto, siendo la comunicación entre ellas por otra inevitable verja. Nada más entrar, a mano izquierda, se encontraba el enorme almiar de paja, con su forma típica de pirámide de base rectangular que se va estrechando hacia arriba, fruto clandestino de las laboriosas madrugadas de mi abuela cuando, armada con rastrillo, paño y cuerda, iba, con otras compañeras, a rebuscar en los rastrojos de las cosechas de trigo a escondidas de los guardas. Al lado, a tan poca distancia que las ramas tocaban la parte superior del almiar, estaba la higuera grande, o simplemente la Higuera, porque, aunque hubiera otra, nunca crecería mucho, tanto por ser así su naturaleza, como por el respeto que la veterana le infundiría. Árbol venerable era también un olivo en cuyo retorcido tronco se apoyaba la valla que dividía el huerto. Por culpa de las zarzas que lo rodeaban y de un espino albar que le hacía amenazadora guardia, fue, de los alrededores de la casa de mis abuelos, el único árbol de porte en el que nunca me encaramé. Había unos cuantos árboles más, no muchos, uno o dos ciruelos silvestres que hacían lo mejor que podían, un granado poco dadivoso, unos membrillos cuyos frutos ya perfumaban a diez pasos, un laurel, algún olivo más. El poco terreno que restaba era para el cultivo de hortalizas, sobre todo de la col portuguesa, que daba hojas todo el año y por eso se constituía como el elemento básico de la gastronomía local, coles cocidas con judías blancas, sin más aliño que el aceite y, alguna que otra vez, migas de pan de maíz, con las que se cubría el fondo del plato antes de echarle encima la pitanza. El huerto, en esta parte, era una estrecha franja de tierra de unos cincuenta o sesenta metros de extensión, que bordeaba un olivar al que llamaban del Salvador y que tenía por el otro lado, separándola del camino, una densa cerca formada por cañas vivas, zarzales, las inevitables piteras y algún que otro sabugo. Junto a esta cerca recogí, dos o tres veces, las pieles resecas de las que las culebras se liberaban cuando ya no cabían dentro de ellas. Esas pieles eran buenas para no sé qué enfermedades de los cerdos. A medida que se iba aproximando el final, el terreno se estrechaba hasta terminar en punta, como el rabo de una tortuga. Era ahí donde mi abuela y yo íbamos a hacer de cuerpo cuando la urgencia apretaba y no daba tiempo a adentrarse en el olivar. (Mi abuelo debía de resolver la cuestión por dondequiera que anduviese con los cerdos.) Que no se sorprenda el lector con la eufemística expresión, hacer de cuerpo. Era la ley natural. Adán y Eva tuvieron que hacer lo mismo en un rincón cualquiera del paraíso.

El arca era azul, pintada con pintura al aceite, de un color cansado de cielo sucio. Estaba en la habitación de fuera, al lado de la puerta de la calle, a la derecha de quien entraba. Era grande, era enorme, era el arca de las habas. Mi abuela me recomendaba que no la abriera porque el polvo de las habas producía unos picores terribles, cubriendo de sarpullido (nombre que les dábamos a las incómodas vesículas) la piel del imprudente. Mi abuelo, que cultivaba, acerca de las complicadas cuestiones de la formación del carácter y de los métodos para robustecer la fortaleza de ánimo, ideas absolutamente espartanas, se reía por lo bajini de tales avisos y cuidados y me preguntaba alguna que otra vez, cuando regresaba a casa con el ganado, con el sol puesto, si ya la había abierto.

No siendo yo entonces, ni hoy, adicto a la pruriginosa legumbre, levantar la portentosa tapa del arca sólo para ver unas habas iguales que otras que podía ver fuera y manipular sin riesgo no era intento que excitase la curiosidad de mis diez años, ocupada en aventuras de otro calibre, como las exploraciones por las riberas del Almonda y del Tajo o por los laberínticos enmarañamientos del Paular del Boquilobo. Pero tantas veces la mansa ironía del abuelo rozó la susceptibilidad del nieto y provocó su pequeño orgullo, que un día, estando solo en casa, se fue al arca y, con gran esfuerzo, levantó la pesada tapa, haciéndola subir a la altura de los brazos y después empujándola hasta chocar con la pared encalada. Allí estaban las habas. Un poco de polvo finísimo que les hacía de velo sobre el color pardo se removió con la súbita corriente de aire y le tocó las manos y los antebrazos, donde en segundos aparecería la anunciada erupción y se manifestaría el temido prurigo. Pero, como al obstinado muchachito todavía le parecía insuficiente prueba el estado en que ya tenía las manos, he aquí que las va a meter en las malignas habas, haciéndolas rumorear como cascajos y levantando, ahora sí, una nube de polvo. Cabría aquí la descripción de las molestas consecuencias a no ser por otra historia que tengo que contar. Al moverme hacia una de las esquinas del arca para rodearla y con más facilidad llegar al borde superior de la tapa y bajarla después, me di cuenta de que, por el lado de dentro, estaba forrada de papel de periódico. No era una casa de lectores la casa de los abuelos, analfabetos el uno y el otro, como ya ha quedado dicho y requetedicho. Algún tío que hubiera venido a quedarse un tiempo, con licencia de tropa, por ejemplo, si

166

fuera competente para leer algunas letras, sería de las gordas y gordísimas. La presencia de aquellas hojas de *O Século* —que, con todo fundamento, anunciaba en la cabecera que era el periódico de mayor expansión del país, y si digo «con todo fundamento» es porque era el único periódico que llegaba a Azinhaga—, la presencia de tales hojas, digo, sólo podía significar que mi abuela las había pedido, cuando ya estaban leídas y desechadas, en la tienda del señor João Vieira, de quien era cliente. Si hubieran sido estos mis abuelos gente fina y de piel delicada, yo admitiría, hoy, la posibilidad de que esos papeles estuvieran allí para tapar las rajas de la tapa de la vieja arca de madera, que realmente las tenía, y así impedir que el peligroso polvo marrón de las habas atacase a mala fe a la indefensa tribu de los Melrinho, Caixinha y Saramago. Otra posibilidad, ésta artística, es que, ante los ojos de mi abuela, las letras, las palabras y las imágenes fueran tan atractivas como al nieto le parecería, años después, la escritura de los chinos, o de los árabes, para no ir más lejos. Queda el misterio por aclarar.

Diez años tenía yo, pero leía de corrido y entendía perfectamente lo que leía, además de no cometer, en tan tierna edad, faltas ortográficas, cosa que, conviene decirlo de paso, no representaba, en ese tiempo, mérito merecedor de medalla. Se comprenderá, por tanto, que, pese a los insufribles picores que estaban reclamando la frescura balsámica de un cubo de agua fría o de unas friegas de vinagre, aprovechara la ocasión para enfrascarme en la lectura variada que el azar me había proporcionado. Era el verano de 1933, yo tenía diez años, y de todas las noticias que *O Século* publicaba en aquellas hojas de un cierto día del año anterior sólo un recuerdo se me quedó guardado: la fotografía, con la respectiva leyenda explicativa, que mostraba al canciller austriaco Dollfuss asistiendo a un desfile de tropas en su país. Es el verano de 1933, hace seis meses que Hitler ha tomado el poder en Alemania, pero de esa noticia, si en su día la leí en el *Diário de Notícias* que mi padre llevaba a casa, en Lisboa, no tengo recuerdos. Estoy de vacaciones, en casa de mis abuelos maternos, y, mientras medio distraído voy rascándome lentamente los brazos, me sorprende cómo podía un canciller (¿qué era un canciller?) ser tan bajito. Ni Dollfuss ni yo sabemos que va a ser asesinado por los nazis austriacos al año siguiente.

Fue por esta época (tal vez aún en el 33, tal vez ya en el 34, si las fechas no se me confunden) cuando, pasando un día por la calle de la Graça, mi habitual camino entre la Penha de França, donde vivía, y San Vicente, donde estaba entonces el Liceo Gil Vicente, vi, colgado en la puerta de una tienda de tabaco y revistas, justo enfrente del antiguo Royal Cine, un periódico que presentaba en la primera página el dibujo perfectísimo de una mano en posición de prepararse para agarrar algo. Debajo se leía el siguiente titular: «Una mano de hierro calzada con guantes de terciopelo». El periódico era el semanario humorístico *Sempre Fixe,* el dibujante, Francisco Valença; la mano aparentaba ser la de Salazar.

Estas dos imágenes —la de un Dollfuss que sonreía viendo pasar las tropas, quién sabe si ya condenado a muerte por Hitler, la mano de hierro de Salazar escondida bajo la suavidad de un terciopelo hipócrita— nunca me han abandonado a lo largo de mi vida. No me pregunten por qué. Muchas veces olvidamos lo que nos gustaría poder recordar, otras veces, recurrentes, obsesivas, reaccionando ante el mínimo estímulo, nos llegan del pasado imágenes, palabras sueltas, fulgores, iluminaciones, y no hay explicación para ello, no las hemos convocado, pero ahí están. Y son éstas las que me informan de que ya en ese tiempo, más por intuición que por suficiente conocimiento, para mí Hitler, Mussolini y Salazar eran cucharas del mismo palo, primos de la misma familia, iguales en la mano de hierro, sólo diferentes en el grosor del terciopelo y en el modo de apretar.

Cuando la guerra civil de España comenzó, ya había cambiado el Liceo Gil Vicente por la Escuela Industrial Afonso Domingues, en Xabregas, y hacía todo lo posible por aprender, a la vez que Portugués, Matemáticas, Física, Química, Diseño de Máquinas, Mecánica e Historia, también algún francés y alguna literatura (en aquel tiempo, pásmense, se enseñaba francés y literatura en una escuela industrial...), y, en fin, que para eso es para lo que estaba allí, para penetrar, poco a poco, en los misterios de la profesión de cerrajero mecánico. Leía en la prensa que a los combatientes de un lado se les daba el nombre de rojos y que a los otros los debíamos conocer por los nacionales, y como los periódicos iban dando noticias de batallas, con mapas algunas veces, decidí, según conté antes, tener mi propio mapa, en el que, de acuerdo con el resultado de los combates, iba clavando banderitas de colores diferentes, creo que rojas y amarillas, gracias a las cuales creía estar acompañando, por usar la expresión consagrada, el desarrollo de las operaciones. Hasta el día, fue pronto, que comprendí que estaba siendo engañado por los militares jubilados que se empleaban en la tarea de censurar la prensa, haciendo suyos, respetuosamente, la mano de hierro y el guante de terciopelo. Victorias, sólo las de Franco, decidían ellos. El mapa fue arrojado a la basura, las banderitas se perdieron. Y ésta fue, probablemente, una de las razones por las que, mandado con mis compañeros al Liceo Camões, donde se estaban distribuyendo los uniformes verdes y marrones de la Mocidade Portuguesa, encontré la manera de nunca salir del final de la cola que llegaba hasta la calle, y en ésas estaba cuando un graduado (así lo llamaban) vino a decirnos que se habían terminado los uniformes. Hubo en las semanas siguientes unas cuantas distribuciones más de barretes, camisas y pantalones, pero yo, con algunos otros, siempre fui de civil a la formación, contrariadísimo a los desfiles, inhabilísimo en el manejo del arma, peligrosísimo en el tiro al blanco. Mi destino no era ése.

Uno de mis amigos en el liceo era un muchachito gordinflón, triste, de grandes gafas redondas, que daba siempre la impresión de oler a medicinas. Faltaba mucho a clase, pero eran faltas justificadas por la enfermedad. Nunca se sabía si iba a aparecer por la mañana, ni si se quedaría todo el día. A pesar de eso, inteligente y aplicado, era uno de los que conseguían mejores notas. Estaba exento de gimnasia, y no podía ni acercarse a nuestros turbulentos juegos. Nunca lo vi de cerca en el recreo. Lo llevaban al liceo en coche y en coche iban a recogerlo. Como no había refectorio, los alumnos comíamos donde se presentaba, en los corredores, en el patio, en la galería del claustro que correspondía al piso ocupado por el liceo. Gracias a una autorización especial del rector, a él le traía una sirvienta el almuerzo todavía caliente, que le era servido, con mantel y servilleta, en una sala del piso de abajo, en sosiego, lejos de algazaras y encontronazos. A mí me daba pena. Quizá él lo notara, porque un día me preguntó si no quería hacerle compañía. No para almorzar, claro está, sólo para hacerle compañía. Le dije que sí. Acordamos que iría a reunirme con él cuando acabara de comer, en el piso de arriba, mi habitual bocadillo de chorizo, o queso o tortilla, y después, terminado su almuerzo, subiríamos juntos a la clase. Con su cara redonda y triste, masticaba despacio, sin apetito, sordo a las súplicas de la sirvienta: «Un poco más, mi

172

niño, un poquito más...». Entonces, conocidas las circunstancias, cuando llegué el segundo día, para animarlo, comencé a hacer payasadas, como fingir que tropezaba conmigo mismo, y el caso es que tan elementales artes cómicas dieron resultado. Él reía, comía casi sin darse cuenta, la sirvienta estaba encantada. Debieron de haber hablado de mí en familia, porque un día él me invitó a ir a su casa, que resultó ser ni más ni menos que un palacete (a mí me pareció un palacio) en la calzada de la Cruz de Pedra, en lo alto de un jardín escalonado que daba al Tajo. Fui recibido por él y una hermana menor, la madre estuvo con nosotros algunos minutos y después se retiró. Era la hora del té. Merendamos en una salita cuyo mobiliario me recordó la casa de los señores de Formigal, aunque menos solemne, sin damascos. Quisieron asustarme con el juego de poner, debajo de mi taza y del mantel, una goma que se llenaba accionando una perilla de aire que mi amigo manejaba desde el otro lado de la mesa. Vi el plato y la taza comenzar a dar saltos, pero no me asusté. Ahí había un efecto y era necesario averiguar la causa. Levanté el mantel y acabamos todos riendo. Después fuimos al jardín y jugamos al burro (se llamaba así a una tabla inclinada, con divisiones y números dentro, donde

173

lanzábamos los tejos, tratando de obtener el mayor número de puntos) y perdí. Cuando ya andaba en la Afonso Domingues fui por última vez a su casa. Le enseñé, con un orgullo que yo sabía que era falso, el carné que me identificaba como alumno de la enseñanza técnica (en el liceo no teníamos carnés), pero no le dio importancia alguna, una mirada rápida y nada más. No volví a saber de ellos. El palacete estaba en mi camino hacia la Afonso Domingues, pero nunca me desvié los pocos metros necesarios para llamar a su puerta. Creo que debí de tener conciencia de que allí había dejado de ser útil.

Un día, en la clase de Mecánica, partí un puntero. El profesor todavía no había llegado y nosotros aprovechábamos el tiempo armando el desbarajuste habitual, unos contando chistes, otros tirándonos aviones o bolas de papel, otros jugando a las palmadas (magnífico ejercicio para estimular los reflejos, porque el jugador que tiene las palmas de las manos para abajo tendrá que intentar escapar a la palmada que el jugador que tiene las palmas de la mano hacia arriba va a intentar darle), y yo, para ejemplificar el uso de la lanza, ya no sé a propósito de qué, quizá porque lo había visto en alguna película, empuñé el puntero como si fuera una lanza y corrí hacia la pizarra, supuestamente el enemigo que tendría que derribar del caballo. Calculé mal la distancia y el choque fue tal que el puntero se partió en tres pedazos en mi mano. La hazaña fue celebrada con aplausos por algunos, otros se callaron mirándome con esa expresión única que significa, en todas las lenguas del mundo, «te la vas a cargar», mientras que yo, como si creyera en la posibilidad de un milagro, procuraba ajustar uno al otro los puntos de fractura de dos de los trozos de palo. Como el milagro no se produjo, fui a poner los trozos encima del estrado y en esta operación estaba cuando el profesor entró. «¿Qué ha sucedido?», preguntó. Di una explicación aturullada («El puntero estaba en el suelo y lo pisé, fue sin querer, señor ingeniero») que él hizo como que aceptaba. «Ya lo sabes, tendrás que traer otro», dijo. Así era y así tuvo que ser. Lo malo era que en casa a nadie se le ocurrió ir a una tienda de artículos escolares y preguntar cuánto costaba un puntero. Se partió de forma inmediata de que sería demasiado caro y que la mejor solución sería comprar en una carpintería un palo redondo, del mismo tamaño, en bruto, y que yo lo trabajaría hasta conseguir que se pareciera lo más posible a un puntero auténtico. Y así fue. Para bien o para mal, ni mi padre ni mi madre se metieron en el asunto. Durante tal vez dos semanas, tardes de sábado y domingos incluidos, navaja en puño, como un condenado, desbasté, raspé, afilé, lijé y enceré el maldito palo. Me sirvió la experiencia adquirida en Azinhaga en el manejo de la herramienta. La obra no quedó lo que se dice una perfección, pero tomó dignamente el lugar del puntero partido, con aprobación administrativa y una sonrisa comprensiva del profesor. Había que tener en cuenta que mi especialidad profesional era la cerrajería mecánica, y no la carpintería.

José Dinís murió joven. Los años dorados de la infancia habían acabado, cada uno de nosotros tuvo que ir a buscarse la vida, y un día, pasado el tiempo, estando en Azinhaga, le pregunté a la tía Elvira: «¿Qué ha sido de José Dinís?». Y ella, sin más palabras, respondió: «José Dinís murió». Éramos así, heridos por dentro, pero duros por fuera. Las cosas son como son, ahora se nace, luego se vive, por fin se muere, no vale la pena darle más vueltas, José Dinís vino y pasó, se lloraron unas lágrimas en el momento, pero lo cierto es que la gente no puede pasarse la vida llorando a los muertos. Quiero creer que hoy nadie se acordaría de José Dinís si estas páginas no hubieran sido escritas. Soy yo el único que puede recordar cuando subíamos a la grada de la segadora y mal equilibrados recorríamos el trigal de un lado a otro, viendo cómo las espigas eran cortadas y cubriéndonos de polvo. Soy yo el único que puede recordar aquella soberbia sandía de cáscara verde que comimos a la orilla del Tajo, el melonar dentro del propio río, en una de aquellas lenguas de tierra arenosa, a veces extensas, que el verano dejaba al descubierto con la disminución del caudal. Soy yo el único que puede recordar el crujir de la navaja, las tajadas rojas con las pepitas negras, el castillo (en otros sitios se le llama corazón) que se iba formando en el medio con los sucesivos cortes (la navaja no alcanzaba el eje longitudinal del fruto), el zumo que nos escurría garganta abajo, hasta el pecho. Y también soy yo el único que puede recordar aquella vez en que fui desleal con José Dinís. Andábamos con la tía María Elvira en la rebusca del maíz, cada cual en su carril, con un saco colgado al cuello, recogiendo las mazorcas que por desatención hubieran quedado en los tallos cuando la cosecha general, y he aquí que veo una mazorca enorme en el carril de José Dinís y me callo para ver si él pasaba sin darse cuenta. Cuando, víctima de su pequeña estatura, pasó de largo, fui yo y la arranqué. La furia del pobre expoliado era digna de verse, pero la tía María Elvira y otros mayores que estaban cerca me dieron la razón, que él la hubiera visto, yo no se la había quitado. Estaban equivocados. Si yo hubiera sido generoso le habría dado la mazorca o le hubiera dicho, simplemente: «José Dinís, mira lo que tienes ahí enfrente». La culpa fue de la constante rivalidad en la que vivíamos, pero yo sospecho que en el día del juicio final, cuando se pongan en la balanza mis buenas y malas acciones, será el peso de aquella mazorca lo que me precipitará en el infierno...

A poca distancia de la huerta de mis abuelos había unas ruinas. Era lo que quedaba de unas antiguas malladas de cerdos. Las llamábamos las malladas de Veiga y yo solía atravesarlas cuando quería abreviar el camino para pasar de un olivar a otro. Un día, debía de andar por mis dieciséis años, doy con una mujer allí dentro, de pie, entre la vegetación, componiéndose las sayas, y un hombre abotonándose los pantalones. Volví la cara, seguí adelante y fui a sentarme en una valla del camino, a distancia, cerca de un olivo al pie del cual, unos días antes, había visto un gran lagarto verde. Pasados unos minutos veo a la mujer cruzar por el olivar de enfrente. Casi corría. El hombre salió de las ruinas, se me acercó (debía de ser un tractorista de paso en la tierra, contratado para algún trabajo especial) y se sentó a mi lado. «Mujer aseada», dijo. No respondí. La mujer aparecía y desaparecía entre los troncos de los olivos, cada vez más lejos. «Dice que la conoces y que vas a avisar al marido.» De nuevo no respondí. El hombre encendió un cigarro, soltó dos vaharadas, después se deslizó de la valla y se despidió: «Adiós». Yo dije: «Adiós». La mujer había desaparecido del todo. Nunca más volví a ver el lagarto verde.

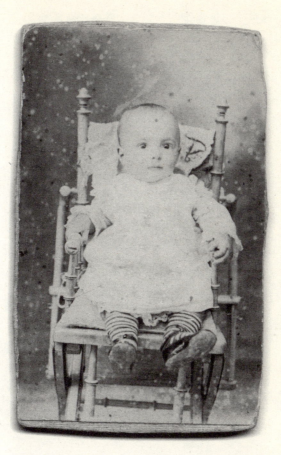

Este es Francisco, al que no me
atreví a robarle la imagen. Vivió
tan poco, quién sabe lo que podría
haber sido. A veces pienso que, viviendo,
me he esforzado para hacer mi
vida.

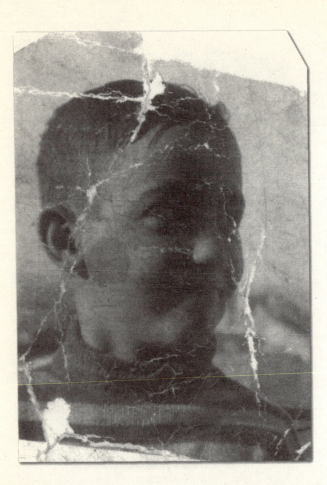

Tengo seis años y estoy en la terraza
de la parte de atrás de la casa de la
calle Fermín López. Si la memoria no me
engaña, a mi lado estaban Antran Barata
y la mujer, pero una tijera implacable
me apartó de ellos. En materia de
relaciones mi madre siempre fue de
ideas muy claras: si las amistades
se acababan, también se acababan
las fotos.

Ésta es del tiempo de la ~~instrucción~~ enseñanza
primaria. Creo que es mi segunda
foto, si no cuento una que desapareció,
aquella en me estaba con mi madre
en la puerta de una tienda de comestibles,
ella de luto cerrado por la muerte de mi
hermano Francisco, yo ~~con~~ cara triste

Aquí me pusieron una corbata y el
emblema del Benfica en la solapa.
Mi padre me hizo socio del club y me
llevaba a los partidos en el viejo de
Amoreiras. Fo más querencia suya que
~~suya~~ voluntad mía. Me divierte, pero
sin fanatismo.

Ésta muestra un aire triunfante,
una media sonrisa que parece muy segura
de sí misma. Supongo que me la hicieron
después del examen de cuarto, cuando disfrutaba por anticipado con las responsabilidades que me esperaban en el instituto.
Por poco tiempo.

↑
poco

Quizá esta fotografía debería de
~~esta~~ haber sido colocada antes. Tengo
un aire frágil, delicado, en
contraste con la expresión afirmativa y un tanto complaciente del
retrato anterior. Lo que me conquista
es el nudo de la corbata, flojo, sin
apretar, como empezó a estilarse
más tarde.

Heme aquí adolescente acabado. El
emblema ha desaparecido y creo que
en aquellos tiempos ya no iba a
los partidos. Recuero el nudo de la
corbata apretado que me iba a
acompañar toda la vida. hasta hoy.

Para este tiempo ya tenía novia.
Se me ve en la cara...

En Azinhaga. Con las primeras
zapatas, enfrentando la cámara
con aire decidido. Como no sabía qué
hace con las manos, me las metí en los
bolsillos. Los bolsillos de los pantalones
son la providencia de los tímidos.

Aquí están ellos, Greta y Jerónimo.
Me enternece esa mano posada sobre
el hombro de mi abuela. No eran personas para demostraciones públicas de
afecto, pero sí me se amaban y se
seguían amándose todavía a esa
edad.

La abuela tiene un nieto en los
brazos, pero no sé quién será. Quizá,
por el aspecto, se trate del hijo de
mi tío Manuel.

No sé qué hacer con este señor, la
cara es de abuelo Ferreiro, pero el
traje no tiene nada que ver con él.
Se lo prestó, para la ocasión, el marido
de mi tía María de days, que entonces
vivía en Oporto, donde la foto fue
tomada.

Phot. Sequeira   Santarem

Mi mare na sua belleza. No
lo dija yo, lo dice este retrato.

Foto. Alves

PRAÇA DA REPÚBLICA
V. N. DA BARQUINHA

Eran bello los dos. Mi madre estaba
en brazada de mi hermano Francisco,
yo nacería después, pero no habrá
fotografía.

Mi padre, ya subjefe de policía-
Era lo que entonces se decía una
~~buena~~ figura de hombre.

buena

Guapísima.

Los años pasaron y esta tal vez
era la última foto de mi padre.
A pesar de sus errores nunca
fue mala persona. Un día, yo
era ya hombre, me dijo: "Tú,
sí, siempre has sido un buen
hijo". En ese momento, le
perdoné todo. Nunca habíamos
estado tan juntos.

Pies de foto de José Saramago

1. Éste es Francisco, al que no me atreví a robarle la imagen. Vivió tan poco, quién sabe lo que podría haber sido. A veces pienso que, viviendo, me he esforzado para darle una vida.

2. Tengo seis años y estoy en la terraza de la parte de atrás de la casa de la calle Fernão Lopes. Si la memoria no me engaña, a mi lado estaban Antonio Barata y la mujer, pero una tijera implacable me separó de ellos. En materia de relaciones mi madre siempre fue de ideas muy claras: si las amistades se acababan, también se acababan las fotos.

3. Ésta es del tiempo de la enseñanza primaria. Creo que es mi segunda foto, si no cuento una que desapareció, aquella en que estaba con mi madre en la puerta de una tienda de comestibles, ella de luto cerrado por la muerte de mi hermano Francisco, yo con cara triste.

4. Aquí me pusieron una corbata y el emblema del Benfica en la solapa. Mi padre me hizo socio del club y me llevaba a los partidos en el viejo estadio de Amoreiras. Era más querencia suya que voluntad mía. Me divertía, pero sin fanatismo.

5. Ésta muestra un aire triunfante, una media sonrisa que parece muy segura de sí misma. Supongo que me la hicieron después del examen de cuarto, cuando disfrutaba por anticipado con las responsabilidades que me esperaban en el instituto. Por poco tiempo.

6. Quizá esta fotografía debería de haber sido colocada antes. Tengo un aire frágil, delicado, que contrasta con la expresión afirmativa y un tanto complaciente del retrato anterior. Lo que me confunde es el nudo de la corbata, flojo, sin apretar, como comenzó a estilarse más tarde.

7. Heme aquí adolescente acabado. El emblema ha desaparecido y creo recordar que en aquellos tiempos ya no iba a los partidos. Recupero el nudo de la corbata apretado que me iba a acompañar toda la vida, hasta hoy.

8. En este tiempo ya tenía novia. Se me ve en la cara...

9. En Azinhaga. Con las piernas separadas, enfrentando la cámara con aire decidido. Como no sabía qué hacer con las manos, me las metí en los bolsillos. Los bolsillos de los pantalones son la providencia de los tímidos.

10. Aquí están ellos, Josefa y Jerónimo. Me enternece esa mano posada sobre el hombro de mi abuela. No eran personas para demostraciones públicas de afecto, pero sé que se amaban y que seguían amándose todavía a esa edad.

11. La abuela tiene un nieto en los brazos, pero no sé quién será. Quizá, por el aspecto, se trate del hijo de mi tío Manuel.

12. No sé qué hacer con este señor. La cara es del abuelo Jerónimo, pero el traje no tiene nada que ver con él. Se lo prestó, para la ocasión, el marido de mi tía Maria da Luz, que entonces vivía en Oporto, donde la foto fue tomada.

13. Mi madre era una belleza. No lo digo yo, lo dice este retrato.

14. Eran bellos los dos. Mi madre estaba embarazada de mi hermano Francisco. Yo nacería después, pero no habrá fotografía.

15. Mi padre, ya subjefe de policía. Era lo que entonces se decía una buena figura de hombre.

16. Guapísima.

17. Los años pasaron y ésta tal vez sea la última foto de mi padre. A pesar de sus devaneos nunca fue mala persona. Un día, yo era ya hombre, me dijo: "Tú, sí, siempre has sido un buen hijo". En ese momento, le perdoné todo. Nunca habíamos estado tan juntos.

Las pequeñas memorias se terminó de imprimir
en febrero de 2007, en Gráficas Monte Alban,
S.A. de C.V., Fraccionamiento Agroindustrial La Cruz
C.P. 76240, Quéretaro, Qro.

Las intermitencias de la muerte
JOSÉ SARAMAGO

Alfaguara es un sello editorial del Grupo Santillana

www.alfaguara.com

Argentina
Avda. Leandro N. Alem, 720
C 1001 AAP Buenos Aires
Tel. (54 114) 119 50 00
Fax (54 114) 912 74 40

Bolivia
Avda. Arce, 2333
La Paz
Tel. (591 2) 44 11 22
Fax (591 2) 44 22 08

Chile
Dr. Aníbal Ariztía, 1444
Providencia
Santiago de Chile
Tel. (56 2) 384 30 00
Fax (56 2) 384 30 60

Colombia
Calle 80, 10-23
Bogotá
Tel. (57 1) 635 12 00
Fax (57 1) 236 93 82

Costa Rica
La Uruca
Del Edificio de Aviación Civil 200 m al Oeste
San José de Costa Rica
Tel. (506) 220 42 42 y 220 47 70
Fax (506) 220 13 20

Ecuador
Avda. Eloy Alfaro, 33-3470 y Avda. 6 de
Diciembre
Quito
Tel. (593 2) 244 66 56 y 244 21 54
Fax (593 2) 244 87 91

El Salvador
Siemens, 51
Zona Industrial Santa Elena
Antiguo Cuscatlan - La Libertad
Tel. (503) 2 505 89 y 2 289 89 20
Fax (503) 2 278 60 66

España
Torrelaguna, 60
28043 Madrid
Tel. (34 91) 744 90 60
Fax (34 91) 744 92 24

Estados Unidos
2105 N.W. 86th Avenue
Doral, F.L. 33122
Tel. (1 305) 591 95 22 y 591 22 32
Fax (1 305) 591 91 45

Guatemala
7ª Avda. 11-11
Zona 9
Guatemala C.A.
Tel. (502) 24 29 43 00
Fax (502) 24 29 43 43

Honduras
Colonia Tepeyac Contigua a Banco Cuscatlan
Boulevard Juan Pablo, frente al Templo
Adventista 7º Día, Casa 1626
Tegucigalpa
Tel. (504) 239 98 84

México
Avda. Universidad, 767
Colonia del Valle
03100 México D.F.
Tel. (52 5) 554 20 75 30
Fax (52 5) 556 01 10 67

Panamá
Avda. Juan Pablo II, nº 15. Apartado Postal
863199, zona 7. Urbanización Industrial
La Locería - Ciudad de Panamá
Tel. (507) 260 09 45

Paraguay
Avda. Venezuela, 276,
entre Mariscal López y España
Asunción
Tel./fax (595 21) 213 294 y 214 983

Perú
Avda. Primavera 2160
Surco
Lima 33
Tel. (51 1) 313 4000
Fax. (51 1) 313 4001

Puerto Rico
Avda. Roosevelt, 1506
Guaynabo 00968
Puerto Rico
Tel. (1 787) 781 98 00
Fax (1 787) 782 61 49

República Dominicana
Juan Sánchez Ramírez, 9
Gazcue
Santo Domingo R.D.
Tel. (1809) 682 13 82 y 221 08 70
Fax (1809) 689 10 22

Uruguay
Constitución, 1889
11800 Montevideo
Tel. (598 2) 402 73 42 y 402 72 71
Fax (598 2) 401 51 86

Venezuela
Avda. Rómulo Gallegos
Edificio Zulia, 1º - Sector Monte Cristo
Boleita Norte
Caracas
Tel. (58 212) 235 30 33
Fax (58 212) 239 10 51